新 乳幼児発達心理学

もっと子どもが わかる 好きになる

繁多 進 監修
向田久美子
石井正子 編著

福村出版

[JCOPY]〈出版者著作権管理機構　委託出版物〉
本書の無断複写は著作権法上での例外を除き禁じられています．複写される場合は，そのつど事前に，出版者著作権管理機構（電話 03-5244-5088，FAX 03-5244-5089，e-mail: info@jcopy.or.jp）の許諾を得てください．

はじめに ——発達心理学で何を学ぶか

　この本が最初に出版されたのは1999年で，すでに10年が経過しております。この10年間に本当に多くの先生方に授業で使っていただきました。それこそ何万人もの学生がこの本で発達心理学を学び，現場で活躍されているのかと思うと，執筆者一同，喜びに堪えないところです。副題にもありますように，「子どもがわかる　好きになる」をモットーに，私たちはこの本をつくりました。「発達心理学は子どもの心をよく知るためのもので，子どもの気持ちを知れば知るほど子どもをより好きになりますよ。この本を通して子どもの心をよく知るための豊かな目を養ってください」という私どものメッセージが伝わり，これほど多くの先生や学生さんたちに読まれたのだろうと思っています。

　初版の「はじめに」で，子どもの発達を支えると同時に，親の子育てを支援していくことが，保育士や幼稚園教諭に求められる重要な機能になってきている，と書きましたが，この機能は10年後の今日，ますます重要なものになってきています。子育て支援ということばには，子どもの健全な発達を支えるということと，子どもを育てている親の養育機能を支えていくという2つの意味が含まれています。さまざまな立場の人々が子育て支援にかかわっていますが，そのなかでも最も有力な子育て支援者は保育士と幼稚園教諭だと思っています。

　保育士や幼稚園教諭は毎日子どもの保育に従事しています。1人ひとりの子どもの健全な発達を保障するためにどのような働きかけが必要かを絶えず考えながら，毎日の仕事に励んでいます。同時に，毎日のように子どもの親とも接触する機会をもっています。これほど子育て支援にとって有利な条件を備えた職業は保育士，幼稚園教諭以外にはありません。平成20（2008）年に改正された保育所保育指針，幼稚園教育要領でも，保育所，幼稚園の機能として「保護者支援」が明瞭に打ち出されています。保育士，幼稚園教諭には，子どもの発達を支えるだけでなく，その親の子育てを支える役割も果たしてほしいということなのです。

初版以来10年以上が経過していることに加えて，保育所保育指針，幼稚園教育要領が改正されたことも，今回，本書の改訂に踏み切った大きな理由です。保育士や幼稚園教諭に対するニーズによりマッチしたものにしたいと思っていますが，ご好評いただいた初版本の骨格は変えず，必要最小限の改訂に留めました。子どもをよく知るための「子どもをみる豊かな目」を養うという初版本のモットーを十分に生かしながら，より充実した内容にしたつもりです。

　子どもを見る豊かな目とは，結局のところ1人ひとりの子どもに向ける「やさしい目」のことです。1人ひとりの子どもの気持ちを知れば知るほど，自然にその子どもにやさしい目を向けることになるでしょう。保育士や幼稚園教諭は保育のプロです。自分の子どもや愛らしい子どもには誰もがやさしい目を向けることができます。しかし，十分な親の愛も受けられず，困った行動を繰り返す子どももいます。そのような子どもにも「やさしい目」を向けられるのが保育のプロだと思います。

　この本で発達心理学を学んだ学生のみなさんが子どもへの関心をさらに高め，「早く子どもと接したい」という気持ちになってくれればと願っています。そして，すべての子どもにやさしい目を向けることができる本当の保育のプロがたくさん育ってくれることを切に願っている次第です。

2010年3月
著者を代表して
繁多　進

| 目次 |

はじめに ——発達心理学で何を学ぶか　3

第1章　発達のしくみと様相　9
1節　発達のしくみ　10
発達とは　発達を支えるもの　発達の理論
2節　人間の発達の特殊性　15
留巣性と離巣性　二次的留巣性
3節　発達の様相　17
胎児期　乳児期　幼児期前期（1〜3歳ごろ）　幼児期後期（4〜5歳ごろ）

第2章　自分をとりまく世界の認識　●認知の発達　25
1節　知覚の発達　26
視覚　聴覚　そのほかの感覚　奥行き知覚　感覚間の協応
2節　記憶の発達　30
記憶のメカニズム　記憶を促進する要因
3節　思考の発達　33
乳児期の思考　幼児期の思考

第3章　自分をとりまく人々とのかかわり　●対人関係の発達　43
1節　母子相互作用　44
母子相互作用の特徴　相互作用モデル
2節　愛着　47
愛着とは（愛着理論）　愛着の形成と発達　愛着のパターン　内的ワーキング・モデル
3節　愛着対象のひろがり　55
父子関係　きょうだい関係

第4章　自分自身を知る　●自己の発達　61
1節　自己の知覚　62

　　　　　　自他の分化　自己認知　名前や所有の認知
　2節　自己意識の発達 ……………………………………………………………… 65
　　　　　　第一反抗期　自尊感情の発達　性同一性
　3節　自己制御 …………………………………………………………………… 68
　　　　　　自己主張と自己抑制　発達期待によって異なる自己制御のあらわれ
　　　　　　欲求不満耐性

第5章　豊かな内的世界　●情緒の発達 ………………………………… 73

　1節　情緒とは何か ……………………………………………………………… 74
　　　　　　情緒を構成するもの　情緒の役割
　2節　乳児期の情緒発達 ………………………………………………………… 76
　　　　　　情緒の分化とコミュニケーションの発達　乳児の情緒を育む養育者のかかわり
　3節　幼児期の情緒発達 ………………………………………………………… 81
　　　　　　自己意識的な情緒の発達　感情をことばで表現する　幼児の情緒を育む周
　　　　　　囲のかかわり
　4節　情緒の社会化 ……………………………………………………………… 86

第6章　ことばとコミュニケーションの発達 …………………………… 89

　1節　音声発達 …………………………………………………………………… 90
　　　　　　ことばを聴く力の発達　ことばを発するまで
　2節　ことばの前のコミュニケーション ……………………………………… 93
　　　　　　ことばの前のやりとり　注意の共有
　3節　ことばの発達 ……………………………………………………………… 97
　　　　　　語彙の獲得　単語から文へ　ことばの機能の発達的変化
　4節　書きことばの世界へ ……………………………………………………… 101
　　　　　　文字の習得　一次的ことばから二次的ことばへ

第7章　遊びの発達と友だち関係 ………………………………………… 105

　1節　遊び ………………………………………………………………………… 106
　　　　　　子どもの遊びとは　遊びの種類と発達
　2節　友だち関係 ………………………………………………………………… 112
　　　　　　友だち関係の発達　友だち関係の諸側面

第8章　社会的認知と社会的行動の発達 …… 119
 1節　他者理解の発達 …… 120
  他者と感情を共有する　他者の感情に共感する　他者の感情を理解する
 2節　愛他行動の発達 …… 125
  愛他行動とは　愛他行動を促す
 3節　道徳性の発達 …… 128
  道徳性とは　道徳性の発達段階　子どもにとっての社会的ルールとは

第9章　乳幼児保育と子育て支援 …… 133
 1節　乳幼児保育と保育者の役割 …… 134
  乳幼児の保育とは　保育者の役割
 2節　保育を通した子育て支援 …… 138
  育児ストレスとソーシャルサポート　育児ストレスを緩和するソーシャルサポートと保育
 3節　育児に課題を抱える保護者への対応 …… 142
  育児ストレスのアセスメント　保護者の支援計画に向けて

第10章　さまざまな発達の障害 …… 151
 1節　発達の障害とは …… 152
  障害について理解すること　発達の障害について　保育の中の発達の障害
 2節　精神機能の発達の障害 …… 154
  知的障害　自閉症
 3節　身体的障害 …… 158
  聴覚障害　視覚障害　肢体不自由
 4節　ことばの障害 …… 161
  ことばの障害について　ことばの遅れ　発音の障害（構音障害）　吃音
 5節　そのほかの発達の障害 …… 164
  重症心身障害児　気になる子

第11章　発達の診断と発達検査 …… 167
 1節　発達の診断 …… 168
  発達の標準と個人差　発達診断とアセスメント　行動観察と心理検査による診断

2節　発達検査　　171
　　発達検査　知能検査　そのほかの心理検査　テストバッテリー

引用・参考文献　183
人名索引　191
事項索引　193

コラム一覧

コラム1	横断と縦断	24
コラム2	原始反射とは何だろう	41
コラム3	児童虐待	42
コラム4	母性の発達	59
コラム5	検査の妥当性と信頼性	60
コラム6	外国につながる子どもと保育者	72
コラム7	「2歳」という複雑な年ごろ	88
コラム8	類人猿にことばを教える試み	104
コラム9	メディアと子ども	117
コラム10	日本・中国・アメリカの保育における文化的特徴	118
コラム11	保育者の「かもし出す雰囲気」——笑顔のもつ意味	150
コラム12	落ち着きのない子	166

第1章

発達のしくみと様相

　発達ということばは，英語では development です。development には，現像という意味もありますし，もともとは，巻物を開いて隠れた中身を読むという意味もあるそうです。現像にしろ，巻物を開いて読むにしろ，すでに中身は決まっていて，それが明らかな形で現れてくるという印象を受けます。
　発達というのはそのようなものでしょうか。人間の発達のプログラムはあらかじめ決められているのでしょうか。どうもそうではなさそうです。本章では，そのあたりに注目しながら人間の発達について考えてみましょう。

1節　発達のしくみ

1　発達とは

　受精の瞬間から死に至るまでの人間の一生は変化の連続です。その変化のことを心理学では**発達**と呼んでいます。変化にもさまざまな変化があります。身長が伸びる，体重が増えるといった量的変化もあれば，寝ることしかできなかった赤ちゃんが座る，立つ，歩くといった行動ができるようになるという質的変化もあります。精神面でも同じです。3桁の数字しか記憶できなかった子どもが5桁まで記憶できるようになるというのは量的変化ですし，論理的思考ができるようになる，抽象的思考ができるようになる，といったことは質的変化を表しています。

　このように，大きくなるとか，できるようになるというような上昇的変化ばかりでなく，できていたものができなくなるとか，時間がかかるようになるといった下降的変化もあるのではないかということに気づくことでしょう。たしかにそのとおりです。かつての発達心理学には，発達は成人期にはピークに達し，その後は加齢に伴って衰退していくと考える傾向があったため，成人に達する前の青年期までが発達心理学の対象と考える傾向がありました。

　しかし，今日では老年期はけっして衰退期ではなく，老年期においてピークに達するような知的機能もあることが指摘されたり，上昇，ピーク，下降といったとらえ方ではなく，それぞれの発達期にはそれぞれの**発達課題**があり，それをこなしていく過程が発達そのものであるという考え方も台頭してきて，発達心理学はまさに人間の生涯を対象とする**生涯発達心理学**になってきているのです。本書では人生のなかで最も変化の著しい幼児期までの発達を主として取り扱いますが，生涯発達的な視点をもつことは今日において重要なことでしょう。

　発達とよく似たことばに成長，分化，成熟，学習といったものがあります（図1-1）。成熟と学習は発達の要因と関連することばですので次項でふれること

にして，ここでは成長と分化ということばについて考えてみましょう。

発達，成長，分化という3つの概念はよく使われていながら，必ずしも明確な概念規定のもとに関連づけられて使用されているわけでもないようです。白井常はこの3概念の関係について整理し，数量的増加を成

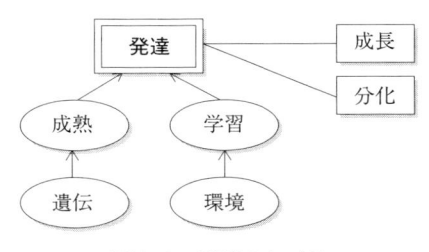

図1-1　発達のしくみ

長とし，複雑化や特殊化を伴う分化とともに，発達の分析的概念として発達に包摂されるものとする見方が最も妥当であると述べています。

たしかに，発達という全体的な変容過程には量的変化の側面と質的変化の側面が統合されていると考えられるので，数量的な変化を**成長**と呼び，複雑化や特殊化を伴う質的変化を**分化**と呼んで，ともに発達という概念に包摂されるものとする見方は，この3つの概念の関係を明らかにするうえでも妥当なものといえるでしょう。

2　発達を支えるもの

このような発達をもたらす要因は何であるかということを考えるとき，成熟と学習という概念が問題となります。ともに発達を規定する要因と考えられているものですが，この2つの概念は従来から対立する概念として扱われてきました。**成熟**とは，外部的刺激とは無関係に内部的要因によって生ずる変容をさしています。人間には人間という種独特の変容のプログラムが仕組まれていて，外界の刺激とは関係なく，このプログラムにそって変化する側面を成熟と呼んでいるのです。

一方，**学習**とは，経験による行動やその可能性の変化をさしています。知識の獲得や技術の習得ばかりでなく，感情や人格の形成などさまざまな変化が学習によってもたらされます。成熟とともに人間の発達にとって重要な役割を演じているものです。

このように，今日では成熟と学習は互いに影響を受けたり与えたりしながら人間の発達を支えている重要な2要因と考えられていますが，かつては，発達は基本的に成熟によるものか学習によるものかが議論され，ゲゼルのような極端な成熟優位説を唱える人や，ワトソンのようにすべての発達は学習によって規定されるという環境優位論を唱える人もいたのです。

この「**成熟か学習か**」という問いかけは，「**遺伝か環境か**」という問いかけの範疇にあるものです。「遺伝と環境」の問題を発達とのかかわりで発達心理学的にみたときに「成熟と学習」が問題になると考えてよいでしょう。成熟は遺伝的要因によって支配されていますし，学習は環境によって強く影響されていることからすれば，「成熟か学習か」の問題は古くからある「遺伝か環境か」の問題でもあるのです。

もちろん，今日においては「遺伝か環境か」を議論する人はいません。この議論の次に出てきたのが「**遺伝も環境も**」という説です。シュテルンが唱えた**輻輳説**は，ルクセンブルガーの図式で知られるように，どのような形質や特性の発現にも遺伝と環境の両要因が作用しているけれども，両要因の寄与の割合はそれぞれの形質や特性によって異なるというものです。たとえば，図1-2にあるXという形質は遺伝と環境の寄与がほぼ同程度ですが，これより左に位置するものは遺伝の影響が強く，右にくるものは環境の影響が強いということを意味しています。この考え方は遺伝要因と環境要因をそれぞれに完全に独立したものととらえ，その両要因が加算的にそれぞれの形質に寄与するというものです。

このような考え方が不十分であることを示す資料があります。ウィラーマンらは，約3000人の白人の子どもを対象に，生後8カ月の時点で，精神面と運動面の発達検査を観察にもとづいて行いました。その結

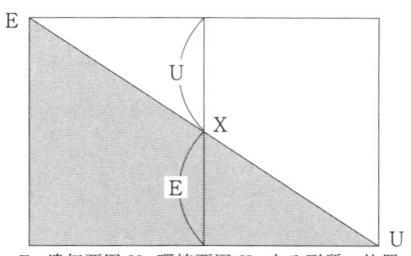

E：遺伝要因　U：環境要因　X：ある形質の位置

図1-2　ルクセンブルガーの図式
（新井，1997より引用）

果から，上位 1/4 を上位群，下位の 1/4 を下位群として，この子どもたちが 4 歳になったときに知能検査を行って，IQ79 以下を精神発達遅滞児としました。

　一方において，2 群の子どもたちは，社会経済的地位によって，高，中，低の 3 群に分けられました。結局，6 群ができたことになります。この 6 群のなかから，4 歳時点でどの程度の精神発達遅滞児が生じたかが検討されました。その結果，最も遅滞児の割合が高かったのは発達検査が下位で，かつ社会経済的地位が低い群で，12％以上にも達していましたが，同じ発達検査下位群でも，社会経済的地位が高い群はわずか 2％しか遅滞児は生じなかったのです。一方，発達検査上位群は，社会経済的地位の高，中，低いずれの群においても遅滞児の出現率は一様に低かったのです。生後 8 カ月の発達検査の結果を遺伝的要因の強いものと考え，社会経済的地位を環境と考えるならば，このように知能という形質 1 つをとってみても，遺伝と環境の寄与のしかたはけっして一様ではないことを示す資料といえるでしょう。

　今日においては，遺伝要因と環境要因は切り離して考えることはできず，互いに影響しあいながら作用しているという**相互作用説**が広く認められています。人間の実際の行動発達をみてみると，成熟と無関係に学習という行動は生じないし，環境の支えをまったく必要としない成熟というものも現実にはありえないと考えられるからです。成熟が学習を促し，また，学習が成熟を促すという形で相互に影響しながら人間の発達を支えていると考えられているのです。しかも，上に示した例のように，その相互作用のあり方も一様ではなく，遺伝子型の異なる個体に同一の環境を与えても，相互作用の結果はまちまちになることを考えれば，各個人ごとの相互作用を念頭においた発達援助の方策を考えていかなければならないということになるのです。

3　発達の理論

　成熟と学習の相互作用的性質を体系的な発達理論として定式化したものにピアジェの**発生的認識論**があります。これは「認識は，主体である子ども自身が誕生直後から外界の対象に対して能動的に働きかけることを通してのみ獲得さ

れ，発達していく」とするもので，生物学的な有能さをもった子どもが外界とのかかわりを通して発達していくというまさに相互作用論を展開したものです。

ピアジェは子どもの外界とのかかわりを同化と調節という概念を用いて説明しています。子どもが獲得している行動体制や認識の枠組みを**シェマ**と呼び，そのシェマを外界にあてはめる**同化**作用と，同化がうまくいかないときは自分の方を対象に合わせて修正する**調節**作用のバランスをとりながら次々と新しいシェマを獲得していく働きを**均衡化**と呼んで，認知発達の重要なメカニズムとしているのです（図1-3）。

一方，ヴィゴツキーは，子どもの発達には社会，文化，教育との関係が必須であるという基本的立場をとっています。彼が教育との関係で示した**発達の最近接領域**という概念はとくに有名です。子どもの知的発達の水準を，現時点で独力で解決できる水準と，他者からの援助や協同によって達成が可能になる水準の2つに分け，この2つの水準のずれの範囲を発達の最近接領域と呼んでいます。そして，教育は発達の最近接領域に適合したものであると同時に，新たな発達の最近接領域を次々と作り出すものでなければならないと主張したのです。

ブロンフェンブレンナーも，子どもをとりまく生態学的環境とのかかわりのな

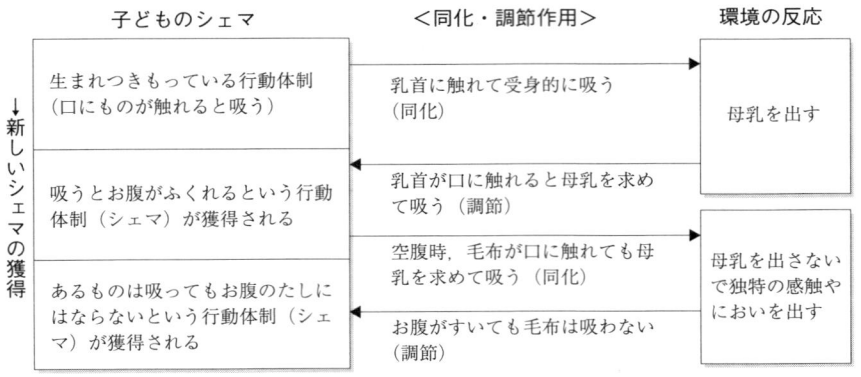

図1-3　同化・調節作用の例（田島，2009）

かで発達をとらえようとしています。子どもをとりまく環境を，母子関係のような身近なところから，社会・文化といったレベルまでをマイクロシステム，メゾシステム，エクソシステム，マクロシステムと階層的にとらえて，それらとの相互作用のなかで子どもの発達は進行するという**生態学的発達理論**を展開しています。

人格の発達理論としてはエリクソンの**ライフサイクル論**がよく知られています。彼はパーソナリティ発達の心理・社会的側面を重視して，ライフサイクルの観点から，生涯を8つの発達段階に区分し，それぞれの発達段階で達成されるべき発達課題を提示しています。乳児期の**基本的信頼感**，青年期の**アイデンティティ**はとくに有名です。前の段階を土台にして次の段階が成立するという意味で彼の理論は漸成説と呼ばれています。

2節 人間の発達の特殊性

1 留巣性と離巣性

同じ鳥類でありながら，ツバメのヒナのようにかなり未熟な状態で生まれてきて，生まれてしばらくの間は巣にいて親から食物をもらわないと生きていけない鳥もいれば，ニワトリのヒヨコやカルガモのヒナのように，誕生直後から移動もできて，自分の生命の維持に必要な食物を自分で探し，自分でついばむ鳥もいます。前者は**留巣性**（**就巣性**），後者は**離巣性**と呼ばれていて，鳥類はこの2つのどちらかのタイプに分類されます。

ポルトマンは，哺乳類もこの2つのカテゴリーに分けられると考えました。たしかに，ネズミ，ウサギ，イヌなどのようにまったく頼りない状態で生まれてくる留巣性の特徴を備えた哺乳類もいれば，ウマ，ウシ，ヒツジなどのように生まれてまもなくして立ちあがり，母親の乳を吸いに行けるような，しっかりした状態で生まれてくる離巣性の特徴をもった哺乳類もいます。ポルトマンはこの2つのタイプを比較して，離巣性の哺乳類は組織体制が複雑な高次の種

で，妊娠期間が長く，1回の妊娠で生まれてくる子どもの数がおおむね単数であることを示しました。留巣性の哺乳類にはその反対の特徴が示されました。

そうなると，人間の場合はどちらに分類されるのでしょうか。高次の種であることはまちがいないし，妊娠期間も長く，1回の妊娠での出生児数も少ないという意味では離巣性の特徴をすべて備えています。ところが，人間の赤ちゃんにはウマやウシの赤ちゃんのように，すぐに立ちあがって母親の乳を吸いに行くことなどとてもできません。人間の赤ちゃんのしていることはツバメのヒナと同じように，養育者から食物をもらって摂取するだけのようにみえます。

2　二次的留巣性

このように，本来なら離巣性でなければならないはずなのに，留巣性の状態で生まれてくるという人間の個体発生に対して，ポルトマンは，進化史上新たに発生したという意味で**二次的留巣性**と呼びました。そして，このようなことが生ずる理由として，本来ならばもう1年胎内にとどめておかなければならないのに，1年早く生まれてくるからこのような現象が起きるのだと説明しています。つまり，人間の場合は大脳の発達による重い頭を支えるため，胎児の体躯が大型化していることや，直立二足歩行による産道の垂直化などのため，胎児をそれ以上とどめ置くことができなくなって，早産が常態化したことが原因だというのです。そして，このような早産を常態化した早産という意味で**生理的早産**と呼び，早産のために早く生まれてきた生後の1年間を本来は胎内にいるはずの時期という意味で**子宮外胎児期**と呼んだのです。

もちろん，早く生まれてくる必然性もあります。生後の1年間といえば，人間の大きな特徴である言語と直立二足歩行の基礎が築かれる時期です。胎内にいては言語や直立二足歩行の基礎などとても築くことはできないでしょう。そのような意味で，藤永保は，人間が二次的留巣性であることは，人間がとりわけ「学習する動物」であることを示していると指摘しています。本能によって支配される動物ではなく，生得的な能力も学習によってさまざまな方向に発展させることができるような，開かれた生得性をもった動物だというのです。

人間発達のもう1つの特徴は、成体に達するまでに非常に長い時間がかかるということです。成体に達するまでに20年もかかる動物はほかにはいないでしょう。成長期間が長いということは、養育する側からすれば、保護し、養育しなければならない期間がきわめて長いということを意味しています。このことはまた、人間の発達にとって環境条件がきわめて重要な役割を果たすということも意味しているのです。

あっという間におとなになるのであれば、どのようなおとなになるかということに、どのような環境で育ったかということはそれほど大きな影響を与えないでしょう。しかし、20年もかけておとなになるというのであれば、どのような人と、どのようなかかわり方ですごしたかということが、どのようなおとなになるかに強い影響を及ぼすことは疑う余地がないでしょう。

3節 発達の様相

1 胎児期

受精から出生までの胎児期は、通常、次の3つの時期に分けて考えられています。

(1) 胚期　　受精の瞬間から受精卵が子宮に着床するまでの8〜10日間。
(2) 胎芽期　受精卵の着床から胎生8週（受精後8週の終わり）までの時期。
(3) 胎児期　胎芽期の終わりから出生まで。受精後270〜280日で出生するのが通常分娩。

このようにみていくと、胎児期というのは厳密には胎生9週以降ということになりますが、一般には胚期や胎芽期も含めて母親の胎内にいる期間すべてを胎児期と呼ぶことが多いようです。

近年、**超音波断層装置**などの機器の開発によって、子宮内の胎児を観察することができるようになりました（図1-4）。それに伴い、これまで考えられていたこととは違って、胎児は母胎のなかにいるうちから種々の能力をすでに備

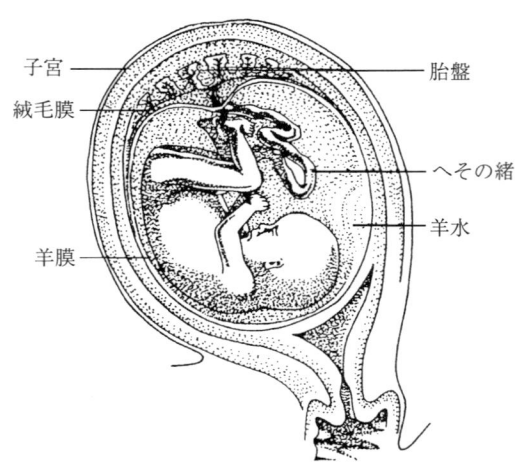

図1-4 胎内環境（川上，1992）

え，それらを活発に活用しながら子宮外生活への準備をしていることが明らかになってきました。

妊娠4カ月では，胎児はすでに活発に手足を動かしており，5カ月ではさらに活発になって，母親が**胎動**として感じるようになります。妊娠7カ月では，もういつでも外界で生活できるほどに諸機能の十分な発達がみられます。感覚器官もかなり発達してきて，胎児が光を感じるようになるのも，この妊娠7カ月のころです。妊娠9カ月になると，強い光に対して顔をそむけるような反射行動を示しますが，これは物が見えるようになった証拠といえるでしょう。聴覚器官も妊娠6カ月には成立しますが，実際に音として知覚できるのは8カ月ころからです。

このように，胎児はすでに新しい生命として活発な活動をしている1人の人間です。誕生してきた子どもたちによい環境を与えようと努力するのと同じように，胎児にもよい**胎内環境**を与えようと努力することは大切なことです。胎児の発達に悪影響を与えるものにアルコールとタバコがあります。妊娠中の母親の飲酒が原因で起こるものに，胎児性アルコール症候群と呼ばれる障害があります。知的障害，発育障害，小頭症などの症状がかなりの確率であらわれるとされています。

タバコの場合も，喫煙している母親は，していない母親に比べて，子どもを死産する確率が有意に高いとされています。また，母親の喫煙量が多いほど，子どもの出生時体重が低くなるという資料も出されています。いずれにせよ，

妊娠中の飲酒や喫煙が胎内環境を著しく悪くさせていることは疑いのないことでしょう。そのほか，身体的にも心理的にも母親が健康であることが，胎児に快適な胎内環境をもたらすこともまちがいないことでしょう。

2　乳児期

　誕生から満1歳までの1年間は，胎児期を除けば一生のなかで最も発達の著しい時期です。1年間で体重が3倍に，身長が1.5倍になるような時期は二度とありません。誕生から満1歳までの1年間を乳児期と呼ぶのが一般的ですが，1歳半ぐらいまでを乳児期として扱うこともしばしばあります。

　自分の生命を安全に維持したいという強い欲求をもって誕生する赤ちゃんは，誕生したとたんにこれまでに母親の胎内では一度も経験したことのない苦痛を体験します。空腹，暑さ寒さ，大きな音，おむつのぬれる不快感といったものは，赤ちゃんに生命の危機を感じさせるほどの不快と不安をもたらします。

　そのようなとき，赤ちゃんは＜泣く＞という武器を使って自分の危機を訴え，誰かに助けを求めます。自分の力だけで自分の生命を維持することができない赤ちゃんは，誰か強力なおとなに守ってもらう必要があり，そのためにはその人と接近，接触していなければなりません。自分の力で移動することができない赤ちゃんにとって，接近や接触を図る唯一の手段はシグナルを送ることです。泣き，微笑，発声といったシグナルをさかんに送って，保護してくれる人との接近や接触をはかろうとします。

　赤ちゃんのシグナルにすみやかに応えて赤ちゃんの不快や不安を取り去ってあげるのは，多くの場合，母親です。もちろん，父親がすることもありますし，乳児期から保育所に通っている場合は保育者もその役割をとっています。赤ちゃんはこれらの人々と相互交渉を繰り返しながら「この人といれば大丈夫だ」「この人と一緒にいたいな」という特別の感情をこの人たちに向けるようになります。**愛着の形成**です。スターンは乳児の感情や行動の意味を読みとり，それに呼応して養育者が応答するような相互作用を**情動調律**と呼んで，この情動調律こそが愛着形成の重要な要因であると考えています。詳しくは第3章に譲

りますが，愛着の形成こそが乳児期の最大の課題なのです。

3　幼児期前期（1〜3歳ごろ）

　1歳という時期は，乳児から幼児への橋渡しの時期といってよいでしょう。歩行ができるようになり，ことばも少しずつ話せるようになって，人間としての特徴を備えてくる時期です。1歳児の自立心は旺盛です。何でも自分でやってみようとします。この自立心を尊重しながら，**基本的生活習慣**の基礎を築きあげていくのが，この時期に親や保育者がすべき重要な課題といえるでしょう。

　1歳児はおとなとほとんど同じ食物を食べられますし，1日3回の食事にも慣れてきて，**食事の習慣**の基礎ができる時期です。みんなで楽しく食事をするという習慣が身につくようにすることが大切です。この時期には**睡眠の習慣**もかなりついてきます。満1歳になったばかりではまだ午前と午後の2回の午睡をしているでしょうが，だんだんと午前と午後の午睡がいっしょになって1日1回の午睡にうつっていく時期です。夜の就寝時間を一定にするのもこの時期の大事な習慣づけです。

　子どもはおとなに比べて予期することが苦手です。0歳児や1歳児はとくに苦手です。ですから日課がほぼ一定しているということはこの時期の子どもにとってとても重要なことです。この活動の次はこの活動というように流れが一定していると，子どもは次の活動を予期しながら安心して生活できるのです。1歳をすぎて初めて保育所に入り泣き叫んでいる子どもには「お昼ごはんを食べて，お昼寝をして，おやつを食べて，少しみんなで遊んだら，お母さんが迎えにくる」と，具体的にわかりやすく伝えていく必要があるでしょう。

　1歳児もかなり自己主張をしますが，2歳になるとことばを使えるようになるため，**自己主張**が目立ってきます。2歳児がいちばん好きなことばは「いや」ということばでしょう。大好きなお散歩に誘われて，喜んで準備しながらも口では「いや」と言っていることもあります。親が着せようとする洋服を「いや」と言ってほかのものを着たがったり，いつもは食べる食物を「今日はいや」と拒否することもあります。自分には自分独自の意思や欲求があるのだという独

自性の主張なのです。

　親や保育者からみれば「反抗」に見えるこのような行動も，それが独自性の主張であるかぎり，幼児期前期に生じるべき大事な発達なのです。このような自己主張に対処するためには，たとえば，あらかじめ洋服を2組用意しておいて，「今日はどっち着る。好きなもの着なさい」と，子どもに選択する機会を与えるような高等戦術も必要です。

　「ぼくは男の子」「私は女の子」という**性別意識**が芽生えてくるのも2歳児の特徴です。女の子がごっこ遊びで母親役をしたがるのも，男の子が父親の行動をさかんに模倣しようとするのも，この意識が高まってきた証拠です。父親や母親をモデルにしながら，早くも父性や母性の学習をはじめているともいえるでしょう。

　保育所に通っていない子どもでも，3歳になると，1, 2歳児と違いかなり母子分離が可能になります。それは母親と一緒にいなくても自分と母親の関係には何ら変化が生じないという**関係の永続性**を理解してきたからにほかなりません。関係の永続性をまだ理解していないはずの0, 1, 2歳児が母子分離をして保育所ですごすことができるのは，保育所のなかに母親と同じように自分を守ってくれると子どもが信じることができる愛着の対象がいるからなのです。逆にいえば0, 1, 2歳の園児には必ず保育所内に愛着の対象をもたせなければならないということです。もちろん，3歳以上の園児にとっても園内に愛着の対象がいることはとても大事なことです。

　3歳児は，1, 2歳児に比べてかんしゃくを起こすことが少なくなります。ことばの発達が著しく，自分の感情をことばで表現することができるようになってきたからです。このような3歳児をみているとかなりしっかりしてきたように思えますし，自分でもかなりのことができる人間だと思っています。しかし，もうかなりのお兄ちゃんだ，早くもっと大きなお姉ちゃんになりたいという気持ちと同じくらい，3歳児は赤ちゃんになりたいという気持ちももっています。この両方の気持ちを受け入れることが大切なことです。

　活動範囲が広がり，いろいろなことに挑戦しようとする3歳という時期は，

まわりからのしつけの圧力が強くなってくる時期でもあります。善悪の判断ができて，いけないことはしない子であってほしいし，かりにしたときには素直に謝る子であってほしいとまわりの人たちから望まれます。また，他者に対して思いやりのあることも要求されます。もちろん，多くの3歳児はいつもこのような期待に応えることはできません。他児に意地悪をして叱られると「僕じゃないよ」と平気で言うこともあります。しかし，これは良心や思いやりの気持ちがないからではありません。意地悪をしたことに強い罪の意識をもっているからこその発言なのです。叱るということには，いけないことを二度とさせないためでもありますが，いけないことをして罪の意識を感じている子どもの罪悪感を払拭してあげるという重要な効用もあるのです。

4　幼児期後期（4〜5歳ごろ）

　2歳児や3歳児は主に想像の世界に住んでいるので，自分には相当なことができると思いこみ，こわいもの知らずに何にでも挑戦していきます。自己主張もさかんです。しかし，4歳になり，幼児期も後期に入ってくると，自分はおとなのように何でもできるわけではないし，知らないこともたくさんあることに気づいてきます。**現実認識**が高まってきた証拠です。現実の世界はこれまで住み慣れてきた想像の世界とはちがうのだということを悟りはじめたということです。4歳児もごっこ遊びを好んでしますが，4歳児のごっこ遊びは現実の世界と想像の世界の区別をつけるためにしていると言ってよいでしょう。

　現実認識が高まってくると，この現実世界のなかで自分はどのような存在なのかということを考えるようになります。このように，4歳という時期は「現実とは何か」「自分とは何か」を解き明かそうと懸命になっている時期です。このような時期に「まわりの人々は自分をかけがえのない子と思っている」と感じることができる子どもは，後に本格的に自己を見つめる波乱に満ちた青年期を迎えても，しっかりした視点で自己を見つめつつ，その荒波を乗り越えていくことでしょう。

　4歳児は意識的にうそをつくことがあります。親や先生が自分のことを何で

も知っているのではなくて，知らないこともたくさんあるという現実にも気づきはじめているからです。悪意のないうそを言いながらそのことを確かめるということもあります。もちろん，現実認識が高まりつつあるとはいっても，「きのう飛行機に乗ったよ」というような現実と想像がごっちゃになったようなうそをつくこともありますし，自分の非を他者になすりつけたり，自分ではないと言い張ったりする自己防衛的なうそをつくこともあります。防衛的なうそがあまりに多い場合は，まわりが厳しくしすぎていないか考えてみる必要があるでしょう。

　保育所，幼稚園では年長児となる5歳児の生活はかなり安定したものになってきます。基本的生活習慣はほぼ身につけていますし，家庭や園での自分の立場やなすべき行為についてよくわかってきて，自分の生活に自信を深めてきているからです。

　5歳児は年少児のように，自分の激しい感情を直接おもてに出すことは少なくなってきています。感情そのものは強烈であっても，それを合理的に表現することができるようになっているのです。これは言語能力の発達にもよりますが，5歳児が4歳児よりもさらに現実感覚を身につけてきた証拠でもあります。この現実の世界はすべてのことが自分の思いどおりになるわけではないということをかなりわかってきているので，欲求不満に耐えることや自分の感情をコントロールすることが可能になってくるのです。

　現実認識が高まったということは，人間社会には守るべきさまざまなルールがあるという**ルールの理解**や自分がしたいことではなくてもしなければならないこともあるという**課題意識**が芽生えてきているということでもあります。5歳児は園や家庭のルールになじみながら，簡単なルールのある遊びをみんなで楽しみながら，あまりしたくはないおかたづけも何とかがんばりながら，やがてもっと厳しいルールや課題がたくさんある学校生活に適応するための準備を着々と進めているのです。

コラム1

◆ 横断と縦断 ◆

「横断と縦断」というのは旅行か冒険の話のようですが，実は発達心理学の研究法の話なのです。発達心理学的な研究をするために資料を収集する方法としては，実験変数の変化に伴って従属変数がどのように変化をするかをみる**実験法**，自然場面での行動をそのまま観察して資料にする**自然観察法**，観察場面に統制を加えて，統制された場面での行動を観察する**実験的観察法**，面接を用いて調査する**面接調査法**，質問紙を用いる**質問紙調査法**，能力や人格の特性を検査する**テスト法**などがあります。

横断的方法と縦断的方法というのは，上記のような資料の収集法ではありません。ある特性の年齢による差異を求めるとき，どのように研究対象を選ぶかという問題です。たとえば，3歳児と5歳児の語彙量の差異を求めたいとき，同一時点で3歳児集団と5歳児集団の語彙量を同一方法で測定して，両者を比較するのが**横断的方法**で，3歳時点で語彙量を測定したその同じ子どもが5歳になったときに測定して，両時点での語彙量を比較するのが**縦断的方法**です。

横断的方法は別々の対象を用いているのに対して，縦断的方法は同一の対象を用いているということが大きな違いです。横断的方法は一度に資料を収集できて，短期間で研究できるという利点がある反面，別々の被験者であるから年齢以外の要因を年齢群間で等しくしなければならないという問題があります。一方の縦断的方法はその点では問題ありませんが，研究が長期間にわたること，被験者に脱落者がでること，同じ方法で測定するために，反復効果がでないような配慮をしなければならないこと，などの問題があります。

また，たとえば成人の知能の年齢的変化を横断的方法と縦断的方法で採った場合，結果が大きく異なることがあります。20歳と70歳の変化をみるとしても，横断と縦断では50年の時代差が生じるからです。これを**コホート効果**と呼び，コホート効果を効率よくとらえる方法も考察されています。

（繁多　進）

第2章

自分をとりまく世界の認識

認知の発達

　「認知」ということばからみなさんは何をイメージしますか？　以前，学生に質問したところ，「結婚していない相手の子ども（婚外子）を認知すること」という答えが返ってきました。心理学では,「認知心理学」いう分野もあるほど大きな領域ですが，一般には法律用語のほうが浸透していることに気づかせられた一件でした。
　心理学用語としての「認知」とは，「自分をとりまく世界のさまざまな情報を自分のなかに取り入れ，意味づけをし，外界へ適応していくこと」といえるでしょう。たとえば「雨が降っている」という状態があるとします。まず，私たちは自分の感覚器官（視覚，聴覚など）を通して雨が降っていることを知り，さらに「ぬれると冷たいだろう」とか「風邪をひくといけないから，傘をさして行こう」などと考えたりします。このような頭のなかで起きている「知覚する」「推論する」「理解する」「判断する」といった一連の情報処理過程が認知といわれるものです。
　心理学では認知を大きく，知覚，記憶，思考に分けて考えています。それぞれがどのように発達していくかをみることにしましょう。

 知覚の発達

　知覚とは，感覚器官を通じて外界の情報を選択的に取り入れ，組織化することです。あふれる無数の刺激情報のなかから，私たちは，興味を惹かれるものや，適応上必要なものを選んで知覚し，それらを全体として意味のある情報にまとめあげているのです。

　さて，生まれたばかりの赤ちゃんには，どれほどの知覚能力が備わっているのでしょうか。かつて赤ちゃんは無力で無能で，1人では何もできない存在だとみなされていました。ところが，1960年代以降，赤ちゃんを知るさまざまな方法が開発されたことにより，赤ちゃんが実は非常に有能，とりわけ知覚面において有能であるということがわかってきたのです。まだ自分の力で動くことも話すこともできない赤ちゃんですが，知覚能力をフル活用して，積極的に外界の情報を取り入れていることが知られるようになりました。

1　視覚

　生後2日の赤ちゃんでも，動くものを目で追うこと（追視）はできますが，注意の持続時間が短く，視覚走査（視線の移動）が不十分なため，すぐに対象物を見失ってしまいます。円滑で正確な追視ができるのは，生後2カ月ごろになります。サラパテックの研究からは，生後1カ月の乳児の視覚走査が，図形の角など一部分に集中する傾向があるのに対し，2カ月になると，走査が図形全体に広がることが明らかにされています（図2-1）。

　視覚走査の安定とともに，パターンを処理する能力も急速に発達してきます。赤ちゃん研究のパイオニアとして知られるファンツは，独自の方法によって，生後数カ月の赤ちゃんでも，単純なパターンよりも複雑なパターンを好み，なかでも人の顔をより長く注視することを明らかにしました（図2-2）。

　ファンツの開発した方法は，**選好注視法**といわれ，赤ちゃんの目の前に2つ

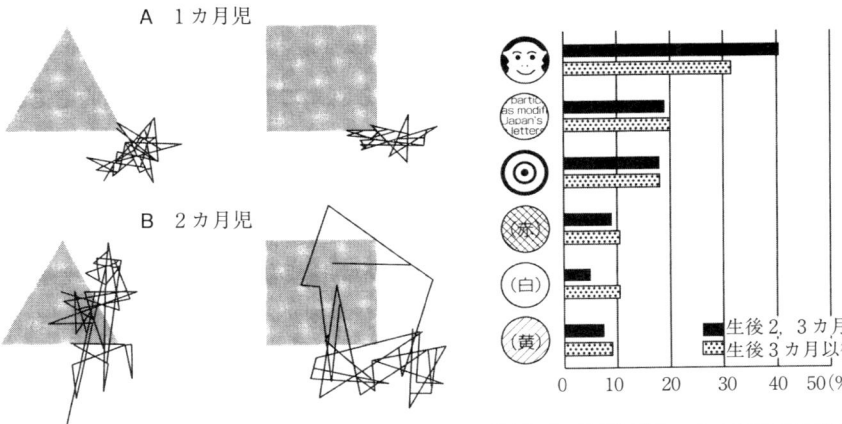

図2-1 乳児の視覚走査パターン
（Salapatek, 1975；内田ほか, 1991 より引用）

図2-2 図形パターンに対する乳児の注視率（Fantz, 1961；平出, 1988 より引用）

の刺激対象を同時に提示し，もし注視時間に差があれば，赤ちゃんが刺激対象を弁別できたとみなす方法です。そのほか，乳児の視覚能力を調べる方法に，**馴化法**があります。赤ちゃんにある刺激を繰り返し見せると，最初はよく見ますが，そのうち馴れて反応しなくなります。そこで新たに別の刺激を提示し，再び反応が喚起されれば，2つの刺激対象が弁別されたと考える方法です。

　これらの技法が開発されたことで，乳児の視力も明らかになってきました。生まれたばかりの赤ちゃんの視力は約0.02で，30cmぐらいの距離にしか焦点を合わせることができません。とはいえ，この距離は，ちょうど抱っこされたときにおとなと目を合わせられる距離でもあります。つまり，視力は十分でなくとも，生後すぐから養育者との相互作用が順調に進められるようになっているのです。その後，視力は6カ月で約0.2，1歳で約0.4になり，3〜5歳ごろに成人なみになります。

2　聴覚

　音に対する赤ちゃんの反応は，まばたき，筋緊張，心拍数の変化，顔や四肢

の動きなどによって示されます。これらの反応を指標として，生後1〜2週の赤ちゃんでも大きい音と小さい音，高い音と低い音を聞き分けていることがわかってきました。

コンドンとサンダーは，生後2日未満の赤ちゃんにおとなが語りかけたときの様子を詳しく分析しています。赤ちゃんは，人の話す言語音には，そのリズムに合わせて眉を上げたり，腰や手足を動かしたりするのに対して，母音の連続といった無意味な語音や単なる物理音にはまったく反応しなかったということです。また，同じ人の声でも女性の声，すなわち高い調子の声をより好むことが知られています。人のことばに合わせて身体を動かす反応を**同期行動**，もしくは**エントレインメント**といいます（第3章1節も参照）が，このような反応は，乳児が人の話す言語音に，生まれつき強い感受性をもっていることを示すものといえるでしょう。

3　そのほかの感覚

嗅覚は，出生時の感覚器官のなかで最も発達しているものです。生後1〜3日で4種の匂いを弁別し，刺激臭や腐敗臭には顔をしかめたり，泣くといった反応を示します。また，生後6日には，母親の母乳の匂いを嗅ぎ分けることもできます。味覚もかなり発達しており，酸味よりも甘みを好むことが知られています。そのほか，触覚もよく発達しており，とくに足の裏や口元は敏感です。痛覚や温度感覚は出生時には十分機能していないものの，生後急速に発達していきます。

4　奥行き知覚

視覚のところで，乳児が2次元（平面）を知覚する能力をもっていることにふれましたが，3次元（空間）の知覚についてはどうでしょうか。乳児の奥行き知覚を調べた代表的な研究に，ギブソンとウォークの実験があります。この実験には視覚的断崖装置が使われました（第8章図8-2参照）。テーブルの一方はガラス張りのすぐ下に市松模様が見えますが，他方は1メートル半ぐらい

下に市松模様が見え、視覚的な断崖になっているというものです。

このテーブルの真中にハイハイのできる6〜14カ月児を乗せ、母親が片側からおいでと呼びかけたところ、浅いほうから呼びかけたときは、ほとんどの乳児が躊躇せず這っていったのに対し、深いほうからの呼びかけにはためらいや恐れといった反応がみられました。このことは、乳児が深さ・奥行きを弁別しており、それが恐れと結びついていることを示すものです。

しかし、この実験ではハイハイのできない乳児の奥行き知覚については調べられませんでした。そこで、キャンポスらは、視覚的断崖装置の各々の側に乳児を乗せて心拍数の変化を測定するという方法を考案しました。その結果、生後2カ月の赤ちゃんでも、奥行きを弁別していることがわかりました。ただし、深さが恐れと結びつくのはもう少し後のことで、7〜9カ月ごろになります。この種の実験は社会的参照の実験としてよく紹介されていますが（第8章1節参照）、もともとは奥行き知覚を調べるための実験なのです。

5　感覚間の協応

これまで、各感覚について個別にみてきましたが、これらの感覚は別々に作用しているわけではありません。メルツォフらは、触覚から得られた情報が視覚にも結びついていることを、次のような実験によって明らかにしました。

まず、1カ月前後の乳児の半数にイボイボのついたおしゃぶりを、残りの半数に表面のなめらかなおしゃぶりを暗闇のなかで与えます。次に明るい部屋で両方のおしゃぶりを見せます。すると、乳児は自分のなめていたほうのおしゃぶりを、より長く注視したということです（図2-3）。

また、視覚と聴覚に関しては、赤ちゃんが音のするほうへと顔を向けること

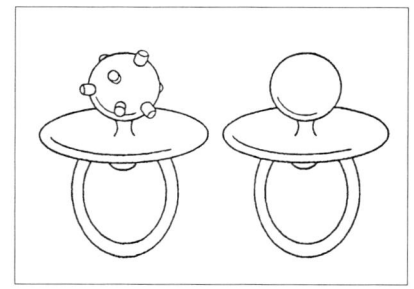

図2-3　イボイボつきおしゃぶりとなめらかなおしゃぶり（Meltzoff & Borton, 1979；佐藤, 1992より引用）

からもわかるように，出生時にすでに感覚間の協応の兆候が認められます。スペルキが，音に合わせて動く人形と音と動きのずれた人形を同時に見せたところ，4カ月児は音と動きの合った人形のほうをよく見るという結果になりました。このことは，赤ちゃんが視覚と聴覚の刺激の同期性を見いだし，感覚間の区別を超えてものを認識できることを示すものです。

これまでに述べた研究が示すのは，赤ちゃんが高い知覚能力をもっているということばかりではありません。視覚や聴覚の実験で明らかにされた，ほかのどんな刺激よりも人の顔や声に反応するという結果は，赤ちゃんが生まれながらに人と積極的にかかわろうとする存在であることを示しているのです。

2節　記憶の発達

記憶の過程は，ある情報を覚え（**記銘**），貯蔵し（**保持**），思い出す（**想起**）という3過程に分けることができます。従来，記憶能力については，年齢とともに増加する量的側面にのみ焦点が当てられていました。知能検査にも，このような記憶力を測定する項目として，数や単語，文章の復唱問題が含まれており，記憶量が知的発達の1つの指標として用いられてきたことがわかります。

近年では，記憶を情報処理の観点からとらえるようになっており，記憶の量以外の側面にも焦点が当てられるようになってきました。その結果，記憶量の増加だけが記憶の発達を促しているわけではないということや，領域によってはおとなよりも子どものほうが記憶力がよい場合もあることなどが明らかにされています。まずは，記憶のメカニズムからみていくことにしましょう。

1　記憶のメカニズム

記憶は，保持される期間によって，感覚記憶，短期記憶，長期記憶に分類されます（図2-4）。**感覚記憶**とは，感覚器官に入ってくる情報が瞬時に貯えられたものですが，そのほとんどが数秒で消えてしまいます。もう少し長く，20

第2章 ◆ 自分をとりまく世界の認識

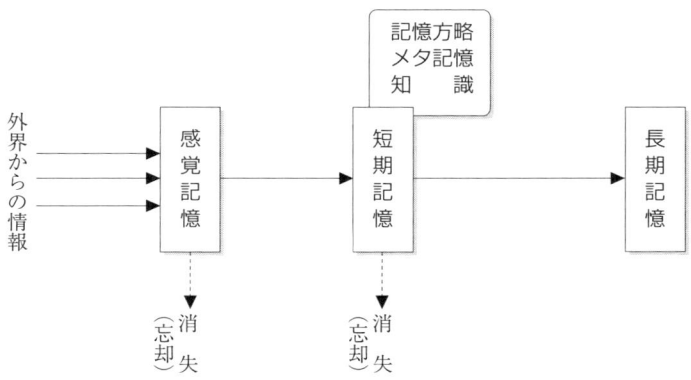

図2-4 記憶のメカニズム（平井，1988を改変）

秒から30秒程度保持されるのが，**短期記憶**です。たとえば，電話をかけるときにその番号を覚えてかけるまでの記憶などがこれにあたります。感覚記憶と短期記憶の容量は，5歳ごろまでにほぼ成人なみの水準に達するといわれています。短期記憶に貯えられた記憶の一部は，後述するリハーサルや体制化によって，半永久的に保持される**長期記憶**へと移行します。長期記憶は，私たちが日常「あの人は記憶力がよい」と言うときに使う記憶に相当するもので，一般におとなのほうが子どもよりもよいことが示されています。

2　記憶を促進する要因

記憶を促す要因として近年注目されているのは，記憶方略，メタ記憶，および知識です。それぞれの働きについて説明していきましょう。

a　記憶方略

記憶方略にはさまざまなものがありますが，代表的なものとして**リハーサル**があげられます。リハーサルとは，記憶すべき内容を口頭で（もしくは頭のなかで）繰り返すことを意味します。フラベルらは5，7，10歳児を対象に，絵カードを見せ，記憶して15秒後に思い出すよう教示しました。その結果，自発的に唇を動かしリハーサルをした子どもの割合は，図2-5にみられるように，

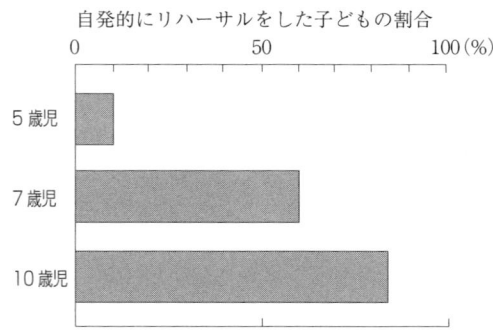

図2-5 フラベルらによるリハーサル使用の発達
（羽生・鈴木・栗山，1983を改変）

年齢とともに増加していました。さらに，同一年齢で比較すると，リハーサルを行った子どものほうが，絵カードの内容をよく思い出せることがわかりました。そこで，1回目の実験でリハーサルをしなかった子どもに，リハーサルをするように促してみたところ，想起の量が以前よりも増加するという結果になりました。これらの結果は，リハーサルという方略を獲得することが，記憶能力の向上につながっていることを示すものといえるでしょう。

また，**体制化**も記憶を助けることが知られています。これは，意味内容の似ているものを1つのカテゴリーにまとめて覚える方法です。モエリーらは，家具，乗り物などのカテゴリーに属する絵カードを，5歳から11歳の子どもに見せ，記憶するように求めました。その際，カードは自由に並べ替えてよいと教示されました。すると，5，6歳児は絵カードを出された順序に従って覚えようとしたのに対し，10，11歳児は自分でカードをカテゴリー別に並べ替えるという方略をとりました。

このように，「こうすると覚えやすい，思い出しやすい」といった記憶方略を，幼児が自発的に用いることはあまりありません。記憶方略の自発的使用は，児童期以降，頻繁にみられるようになります。

b　メタ記憶

メタ記憶とは，自分自身の記憶能力についての知識と，自分の記憶をコントロールする活動の双方を意味しています。前者は，自分はどれくらい記憶能力があるのかということや，人の名前を覚えるのは苦手だけれど電話番号を覚えるのは得意といった自分の記憶能力についての知識をさしています。後者は，

自分の能力に応じて記憶できる量を予測したり，記憶すべき課題を認識し，どのような方略をとるか決め，それがうまくいかない場合は方略を変更するといった，自分の記憶をコントロールする活動をさしています。

ユッセンとレヴィは4歳，8歳，20歳の実験協力者に，1枚から10枚までの絵カードを提示し，何枚ならば後で思い出せるかと質問し，思い出せると予測した数と実際に想起できた数を比較しました。20歳の実験協力者は予測と実際の数にほとんどずれがなかったのに対し，4歳児はずれが大きく，現実的なメタ記憶をまだもちえていないことがわかりました。

c 知識

記憶すべき材料についての**知識**も，記憶を左右することがチーの研究によって明らかにされています。彼は，チェスの駒の配置パターンを見せ，その後，同じように駒を並べさせるという方法によって，チェスに熟達した10歳の子どもと，チェス初心者のおとなの記憶力を比較しました。その結果，駒の配置がランダムであった場合には両者の再生率に差はみられなかったものの，チェスの規則に従って配置されていた場合には，チェスに熟達した子どものほうが成績がよいことが示されました。この結果は，単に年齢ではなく，記憶すべき材料に関する知識量の差が，記憶能力に影響していることを示すものです。

3節 思考の発達

思考とは，読んで字のごとく，思うこと，考えることです。より専門的には，知覚によって取り入れられた情報に対し，すぐに反応するのではなく，分類したり関連づけたりして，事態に対する適切な行動方略を選択することと定義できるでしょう。20世紀最大の発達心理学者であるピアジェは，身近な子どもたちを丹念に観察することで，思考が**感覚運動期**（0〜2歳），**前操作期**（2〜7，8歳），**具体的操作期**（7，8〜11，12歳），**形式的操作期**（11，12〜14，15歳）という段階を経て発達していくことを明らかにしました。いずれの段階におい

ても，物事を既存の枠組みに当てはめて対処する**同化**と，自らの枠組みを変えて対処する**調節**が相補的に働くことで，知的発達が進むと考えられています（第1章1節も参照）。乳幼児期は感覚運動期と前操作期に相当します。

1 乳児期の思考
a 感覚運動的知能

「考える」というとき，私たちは通常頭を使いますが，乳児はむしろ身体を使って考えます。見る，さわる，なめる，たたくなどして，その結果生じる感覚を通して外界の事物を知っていくのです。このような思考を，ピアジェは**感覚運動的知能**と呼び，さらに以下の6段階に分けました。

(1) 第1段階：反射の行使（誕生〜1カ月）

生まれつき備わっている**原始反射**（コラム2参照）により，外界との接触がはじまります。最初は単なる反射にすぎなかったものが，次第に能動的，適応的なものへと変化していきます。たとえば，吸せつ反射をもとに，おっぱいの吸い方がじょうずになったり，把握反射をもとに，ものをじょうずにつかむことができるようになったりします。

(2) 第2段階：第一次循環反応（1〜4カ月）

見る，吸う，つかむ，聞くなど，単純な諸動作ができるようになり，偶然それらが結びつくことにより，循環反応が生じます。たとえば，「のどから音が出る」「耳で聞く」という動作が結びついたとき，赤ちゃんはそれを繰り返そうとして何度も声を出すようになります。ほかにも，「親指が口元にふれる」「吸う」という動作の結びつきによる指しゃぶりや，「手の開閉」「目で見る」という動作の結びつきによるハンド・リガードなどの反応パターンがみられます。いずれもほとんどが自分の身体を対象とした反応で，繰り返すうちにスムースに行われるようになっていきます。

(3) 第3段階：第二次循環反応（4〜8カ月）

この段階になると，赤ちゃんの世界には，自分の身体以外に「もの」が入ってきます。**目と手の協応**が成立することにより，ものを目で見て，つかむ，口

元へ運ぶといった動作がみられるようになります。それまでは，行為そのものを楽しんでいたのに対し，行為の結果，すなわち行為によって生じる外界の変化に関心をもつようになります。ただし，この変化は意図的に引き起こされたものではなく，偶然に生じたものです。たまたま手を開いたときに握っていたものが落ちると，もう一度落とそうとして手を開いたり，ゆりかごの上のひもに偶然手が触れ，ガラガラが鳴るのを知ると，何度もガラガラを鳴らそうとするといった行為がみられます。

(4) 第4段階：第二次循環反応の協応（8〜12カ月）

　手段と目的が分化し，ある目標に達するために意図的に行動するようになります。これまでに獲得した種々の反応パターンを協応させて，目的をかなえようとするのです。たとえば，おもちゃが枕の下に隠されるのを見ていた乳児は，それを探すために枕を動かし，おもちゃを手に入れるといった行動をとります。これは，後述する対象永続性が理解されはじめたことを示すものです。

(5) 第5段階：第三次循環反応（12〜18カ月）

　目標に達するために，さまざまな手段を試みるようになります。いろいろな方法を試して最もよい方法を選ぶ，つまり「実験」をするようになるのです。手を伸ばしても届かないおもちゃがあれば，敷物を引っ張って手元に引き寄せてみるなど，試行錯誤を通じて，新しい手段・方法を生み出していきます。この時期に感覚運動的知能はほぼ完成します。

(6) 第6段階：心的表象の発現（18〜24カ月）

　この時期は厳密には幼児期に属しますが，感覚運動期の最終段階であり，次の前操作期への移行段階と考えられます。**表象**（頭のなかでイメージを浮かべて考えること）が発達してくることにより，これまで実際に身体を使って行っていた動作を，頭のなかでするようになります。いくつかの動作を頭のなかで代理的に行ってみて，より状況に適した行動をとることができるようになるのです。

　b　対象永続性

　対象永続性とは，視覚や触覚によって感知できないものでも，どこかに存在

していることがわかるということです。ピアジェは隠されたものに対する乳児の反応を検討することにより，対象永続性の発達過程を明らかにしました。

　生後4カ月以前には，対象永続性は形成されていないため，乳児はものが見えなくなってもとくに反応することはありません。4カ月以降になると，ものの一部が見えていればそれを手がかりとして発見することができますが，完全に隠されてしまうと探せなくなってしまいます。6～8カ月ごろには，隠されたものでも探し出せるようになり，対象永続性が成立してきたことがわかります。しかしながら，この段階では，隠される場所が移動するのを見ていても，移動先の場所ではなく，もとの場所を探しつづけてしまいます。このような対象の二重移動が理解できるのは，1歳半ごろ，すなわち感覚運動期の最終段階になります。

2　幼児期の思考
a　前操作的思考

　目の前に存在しない対象や事象を頭のなかにイメージとして思い浮かべるという表象作用が現れるとともに，言語の組織的な習得がはじまります。身体や感覚に代わって，イメージやことばを使って考えるようになるのです。前操作的思考は，前概念的思考期と直観的思考期の2つに区分されています。

(1)　前概念的思考期（2～4歳）

　感覚運動期の終わりごろから，その場にいないモデルのまねをする**延滞模倣**や，ある事物を別の事物（もの，イメージ，ことばなど）に置き換えて表現する象徴機能が発達してくることから，**ごっこ遊び**（見立て遊び，象徴遊び）が頻繁にみられるようになります。赤ちゃんを世話するお母さんのまねをしてみたり，ままごと遊びのなかで葉っぱをお皿，小石を食べ物に見立てたりして遊ぶことができるようになります。

　このように，ことばやイメージが使えるようになることで，幼児の世界は大きく広がっていきます。ただし，この時期の子どものもつことばや意味を支えているのは，子どもが抱く個々のイメージを中心としたもので，おとながもっ

ているような概念は形成されていません。たとえば,「ワンワン」ということばが意味するものは,ある子どもにとっては「自分の家で飼っている犬」であったり,別の子どもにとっては「白い4本足の動物すべて」であったりするのです(第6章3節も参照)。私たちは,犬にもいろいろな種類があることや,犬が猫や馬と並んで,動物というカテゴリーに属するものであるといったことを理解しています。このような類と個の関係の把握や,上位概念と下位概念の区別が,この段階の幼児にはまだ十分にできない,つまり概念が成立する前の段階にあるということから,この時期は**前概念的思考期**といわれています。

(2) 直観的思考期(4～7, 8歳)

　幼児期後期になると,犬は猫とは違うけれども同じ動物の仲間であるというように,事物のつながりに気づき,分類したり,関連づけたりするようになります。しかしながら,そのときの判断が論理的ではなく,直観的であることにこの時期の特徴があります。

　たとえば,この時期の子どもに,同じ高さのグラスに入っている液体を見せ,目の前で,一方を背の高い別のグラスに移し替えます。そして,もとのグラスの液体と同じ量かどうか尋ねると,多くは水面の上昇に着目して,「背の高いほうが量が多い」と答えてしまいます。また,同じ大きさのボール型の粘土を見せてから,一方をソーセージ型に変形すると,「長いほうが重い」と答えるなど,形が変わると量や重さまでも変化すると考えてしまいます(表2-1参照)。

　このように,一部の目立つ特徴に注意を奪われて,それを判断のよりどころにしてしまうのは,保存が成立していないためです。

　保存というのは,どんなに対象が知覚的に変化しても,対象そのものは変化しないと認識することです。これは,可逆性の概念(もとに戻せば同じ),相補性の概念(液体の水面は高くなったけれど,前よりも幅は狭くなっている,粘土は長くなった分だけ細くなっている),同一性の概念(何も加えたり減らしたりしていないから同じ)の3つが成立していることが前提となります。保存が成立するのは次の具体的操作期になります。

表2-1 ピアジェの保存課題に対する子どもの思考の特徴 （内田ほか，1991）

ピアジェの課題	直観的思考期	具体的操作期
数の保存	子どもは2つの列の長さや密度の違いに惑わされて，並べ方しだいで数が多くも少なくもなると判断する。	子どもは，2つの列は長さと密度が異なるが，ともに同じ数であることを理解する。
液量の保存	子どもはA，Bの容器に等量の液体が入っていることを認める。それからBをCに移しかえると液面の高さに惑わされCのほうを「たくさん」と答えたり，容器の太さに惑わされCのほうが「少しになった」と答える。	子どもはA，Bの容器に等量の液体が入っていることを認める。それからBをCに移しかえると，液面の高さは変わるが，CにはAと等しい液体が入っていることを理解する。
物理量と重さの保存	子どもはA，Bの粘土のボールが等しい量で，同じ重さであることをまず認める。それからBをつぶしてCのソーセージ型にすると，大きさの違いや長さの違いに着目して，量は変化し，重さも変わると答える。	子どもはA，Bの粘土ボールが等しい量で，同じ重さであることをまず認める。それからBをつぶしてCのようにしても，それはBのときと等しい量でしかも同じ重さであることを理解する。
長さの保存	子どもは個数の異なった積み木を使って，Aと同じ高さの塔を作ることができない。	子どもは個数の異なった積み木を使って，Aと同じ高さの塔を作ることができる。
客観的空間の保存	子どもはテーブルの上の山がもう1人の子どもにどのように見えるか表象できない。自分に家が見えていると，もう1人の子どもも見えていると思っている。	子どもはテーブルの上の山がもう1人の子どもにどのように見えるか表象できる。すなわち，自分に見えている家が相手の子どもには見えないことが理解できる。

b 自己中心性

　幼児期の思考の特徴として，**自己中心性**があげられます。これは，自分の立場から離れて，事物を客観的に認識することができないということです。こ

のことは，ピアジェらの考案した三つ山問題によって明らかにされました。まず，図2-6のような山の模型のまわりを歩かせた後で，子どもをAの位置に座らせます。次に，自分の正面に座っている人形，すなわちCの位置から山の形がどのように見えるかを尋ね，A～Dそれぞれの位置から見える山の絵カードを提示します。その結果，幼児は人形の位置から見える絵カードではなく，自分から見える山の絵カードを選んでしまいます。つまり，人形から見た山の形も自分から見える山の形と同じであると考えてしまうのです。

　6～7歳になると，人形と自分の位置では山の見え方が違うことに気づきはじめるものの，相変わらず誤答が多く，この課題に成功するのは9～10歳ぐらいといわれています。しかしながら，最近の研究では，もっと単純で実生活に即した課題にすれば，幼児でも他者の視点をとることができると報告されています。

　主観と客観が未分化なために生じる自己中心的思考の表れとして，アニミズムや実念論，人工論をあげることができます。**アニミズム**はすべてのものに生命や意識があると考えることです。幼児には，石ころや太陽も生きていて，自分と同じように痛いと感じたり，悲しいと思ったりすると考える傾向があります。夢やおとぎ話の世界など，心のなかで生み出されたものがそのまま外界

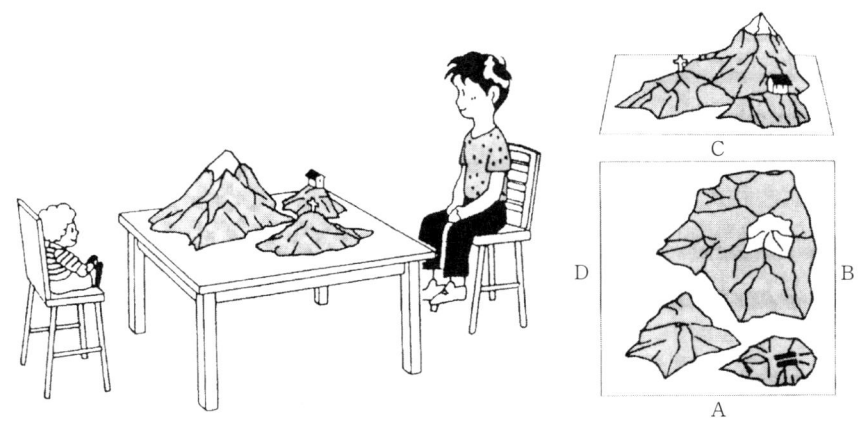

図 2-6　三つ山問題（Piaget & Inhelder, 1948；村田, 1990 より引用）

に存在すると考えてしまうのが**実念論**（リアリズム）です。**人工論**は，山や川，太陽など，自然界のさまざまな事物はすべて人間が作ったものだと考える傾向のことです。

また，知覚にもこのような未分化な傾向が認められます。幼児の知覚は情緒や欲求と未分化であるため，事物を人間に見立てて知覚することがあります。たとえば，赤い夕日を見て，「お日さまが恥ずかしがってる」と言ったり，沸騰したやかんを見て，「やかんが怒ってるよ」と言ったりするようなことがあります。これを**相貌的知覚**といいます。

上記のように，幼児期の思考は，知覚による制約を受けているほか，自他の視点が区別されていないという特徴をもっています。やがて児童期に入ると，知覚に左右されることなく，少しずつ客観的，論理的に物事をとらえられるようになっていきます。具体的，現実的場面での論理的思考が可能となる具体的操作期を経て，観念的，抽象的な思考が可能となる形式的操作期へと発展していくのです。

なお，その後の研究によって，ピアジェ理論にはいくつかの限界があることが指摘されています。1つめは，知的発達における他者（親や仲間，教師）の存在の重要性を考慮していなかった点です。この点に関しては，学びにおける「他者との共同」を重視したヴィゴツキーの考え（第1章1節参照）が，近年再評価されるようになっています。2つめは，物理的世界の理解を重視し，対人的世界の理解を考慮していなかった点です。**心の理論**（第5章2節参照）は，この点を補う研究の1つといえるでしょう。3つめは，認知発達段階を普遍的なものと考えていた点です。コールらによる比較文化研究は，文化によって具体的操作期に到達する年齢が違っていたり，領域によっては成人でも具体的操作期にとどまったりすることを明らかにしました。これらの知見はピアジェの発達段階を否定するものではありませんが，発達が必ずしも普遍的でなく，領域によって異なること（**領域固有性**）を示しています。2節で紹介したチーの記憶研究も，発達の領域固有性を示しているといえるでしょう。

コラム2

◆ 原始反射とは何だろう ◆

　生まれたばかりの赤ちゃんは，大脳皮質が未成熟なため，自分の思うとおりに身体を動かすことができません。その代わりに，不随意運動が生得的に備わっています。赤ちゃんの不随意運動には，自発的に生じる未分化な全身運動と，外部からの刺激に対して生じる**原始反射**とがあります。原始反射の例をいくつかあげてみましょう。

　代表的なものとして，口元にものがふれるとそちらに顔を向ける**口唇探索反射**や，口に入ったものを吸い出そうとする**吸せつ反射**（吸てつ反射）があげられます。この2つの反射は，赤ちゃんがおっぱいを探しあてて吸い出す，つまり自分の生命を維持するのに役立っています。手のひらにものがふれると握りしめる**把握反射**は，後に発達する「目と手の協応」の基礎になると考えられています。これらは，赤ちゃんが環境へ適応していくのに，直接役立つ反射であるといえるでしょう。

　そのほか，赤ちゃんを脇の下で支えて立たせ，後ろから押し出すようにすると，足を交互に屈伸させて歩くような運動をする**原始歩行**や，大きな音やまぶしい光などの強い刺激を与えると，両手を広げて抱きつくような格好をする**モロー反射**，足の裏にふれると指を扇状に広げる**バビンスキー反射**などがあります。このうち，バビンスキー反射は11カ月ごろまで残りますが，ほとんどは3〜4カ月で消失してしまいます。大脳皮質の成熟に伴って，反射が消え，随意運動が現れてくるのです。これらの反射は，生存には直接関係していないものの，脳神経の発達の指標とみなされています。消失時期をすぎても反射が残っている場合は，神経的な障害が疑われることがあるのです。

　このように，原始反射は，環境への適応を図る反応であると同時に，赤ちゃんの神経機構が正常に機能しているかどうかを調べる指標ともなるのです。

　　　　　　　　　　　（向田久美子）

◆ 児童虐待 ◆

　ひどい虐待を受け，親から隔離されて児童施設にいるのに，夕方になると屋根に登って「ニャーオ，ニャーオ」とネコになってしまうという子どもがいます。その子の母親は子どもを虐待しながらも，ネコだけはかわいがっていたというのです。せめてネコになれば母親からかわいがってもらえると思っているのかもしれません。

　今日，**児童虐待**が急激に増えてきていることが話題になっています。厚生労働省の調査によりますと，1997年度に全国の児童相談所に寄せられた児童虐待についての相談件数は5300余件で，これは1990年度の5倍に相当するものでした。ところが，2007年度に実は40600件にまで増加しているのです。この10年間で8倍近くにまで増えているということです。

　虐待には，暴力による**身体的虐待**，**ネグレクト**と呼ばれている子どもの放置や養育の怠慢，暴言や無視で子どもに心理的外傷を与える**心理的虐待**，子どもにわいせつな行為をしたり，させたりする**性的虐待**の4種類がありますが，相談件数で最も多いのは身体的虐待で，ついでネグレクトが多く，この2つで大部分を占めています。

　わが国において虐待が増え続けている原因として，今日の育児がストレスに満ちたものになっていること，育児が密室化していて虐待が生じやすい状況があること，経済的な背景，親自身の被養育体験など，さまざまな要因が考えられるでしょうが，原因の究明と同時に大切なことは予防と治療です。

　厚生労働省が2007年度から開始した生後4カ月までの全戸訪問事業（こんにちは赤ちゃん事業）という子育て支援策は虐待の予防を意識したものといえるでしょう。不幸にして虐待を受けた子どもに対しては，その経験によってもたらされたトラウマを取り除くための治療が必要ですし，虐待する親にも援助の手を差し伸べて，この状況から脱することができるように導いてあげなければならないのです。

　　　　　　　　　　　　（繁多　進）

第3章

自分をとりまく人々とのかかわり

●
対人関係の発達

　雨上がりの空に，虹が大きな弧を描いてくっきり浮かび上がるのを目にしたとき，きれいな花が群生しているのを見たとき，おいしそうな海の幸，山の幸が手に入ったとき，1人でにんまりと満足する人は少ないでしょう。この喜び，感動を，誰かと共有したいという思いが高まり，「来て，来て！」と近くの人を呼んだり，電話をするにちがいありません。つらいとき，悲しいときはさらに，誰かにそばにいてほしい，話を聞いてほしいと感じ，人々の支えで元気づけられ，立ちなおることができるようになります。

　このように私たちの毎日は，さまざまな人々とのかかわりをぬきにして考えることはできません。この章では，人々とのかかわりがどのように発達していくのかについて，愛着理論の立場から説明します。

1節 母子相互作用

1 母子相互作用の特徴

　母子（主な養育者と子）**の相互作用**は，新生児の誕生直後からみられます。1960年代以降，新生児の視覚，聴覚，嗅覚，味覚，触覚といった五感の感受性の能力が明らかにされるようになりました。

　新生児は，出生直後から覚醒状態のときに，刺激に対する選択的な反応を示します。自分の母親の母乳を含ませたガーゼと，他児の母親の母乳を含ませたガーゼを顔の両側にたらすと，自分の母親の母乳のほうに顔を向けます。ファンツは，選好注視法を用いて新生児に図形を提示したところ，図形によって注視時間の長さが異なり，単純な図形より複雑な図形，なかでも人間の顔への注視時間が長いことを明らかにしています（第2章 図2-2）。また，小林登らは，新生児が，コンピュータで合成された雑音と母親の話しかけを識別し，母親の話しかけのみに反応することを見いだしています。このように五感の能力を活用して新生児は母親と相互作用を展開します。

　母親の側の働きかけからも相互作用がはじまります。ボウルビィは，乳幼児独特のふっくらした身体的特徴や，反射行動は，養育者の養護性や好意的な反応を触発する要因として備わっていることを指摘しています。これは人間だけに限ったことではなく，ほかの動物にもみられます。

　また，自分の子に対する注意は，次第に焦点化され，図3-1にみられ

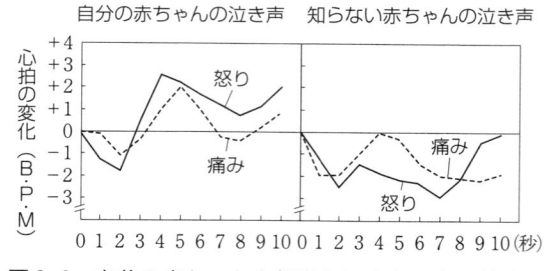

図3-1　自分の赤ちゃんと知らない赤ちゃんの泣き声に対する母親の反応（Wiesenfeld & Malatesta, 1982）

るように，自分の子の泣きに対して，知らない子の泣きとは違う反応を示します。

2　相互作用モデル

　図3-2に示されるように，母親と新生児はさまざまな感覚レベルを駆使して，相互に密接に働きかけあっています。相互に行動を誘発しあい，反応に報酬を与えあっています。対面すると視線を合わせあいます。子どもの泣き声は，母親を引き寄せ，母乳の分泌も促進します。子どもが母乳を吸うことで，プロラクチンやオキシトシンといった母親の下垂体からの**ホルモン**の分泌が促され，母乳の分泌が促進されます。また，母親が乳児への働きかけに特有な，ピッチの高い声で体動を伴って語りかけると，子どもは同じような微妙な体動（手足の動き）で反応します。この現象は，**同期行動**または**エントレインメント**と呼ばれます。

　このように母子相互作用には，働きかけとその受け応えにおいて，役割を交替するという社会的な交渉の基本となるやりとりの原型がみられます。コンド

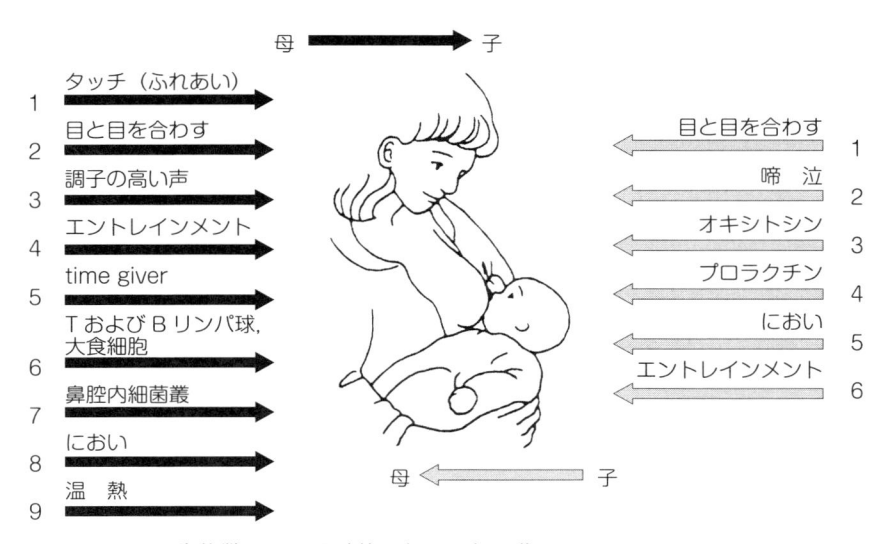

母 ━━▶ 子

1　タッチ（ふれあい）
2　目と目を合わす
3　調子の高い声
4　エントレインメント
5　time giver
6　TおよびBリンパ球，大食細胞
7　鼻腔内細菌叢
8　におい
9　温　熱

目と目を合わす　1
啼　泣　2
オキシトシン　3
プロラクチン　4
におい　5
エントレインメント　6

母 ◀━━ 子

図3-2　生後数日間に同時的に起こる相互作用（Klaus & Kennell, 1976）

ンとサンダーも，話しことばの音節と新生児の手足などの身体の動きの変化点との間に相互作用の同期性がみられることを確認しています。ケイエも，授乳の場面で，新生児が吸乳を休むと母親が声をかけたり軽い身体刺激を与え，それによって吸乳が再開するといった，吸乳と休止のリズムと母親の働きかけとに交替反応の原型がみとめられることを報告しています。リズムをもった相互のやりとりは，ブラゼルトンらの実験でもみられています。ブラゼルトンらは生後2週間から20週の乳児と母親が向かいあって顔を見合わせる行動を分析しました（図3-3）。この結果，乳児の凝視行動には，見つめる—目をそらす，というリズムがあり，母親がこのリズムにのると，顔を見合わせる母子の行動は持続しますが，母親がこのリズムを無視すると，この相互作用は終わることが示されました。

　このように健康な新生児は，社会的相互作用を行う潜在的な能力をもっており，相互作用の開始と終結は，子どもの側の自律的なリズムに従う傾向があります。子どもは，泣き，微笑，発声，体動などのシグナルを積極的に送ります。敏感な母親は，子どもの活動をモニターし，自分の行動を子どもに合う形に変え，子どもの行動とかみあうように調節して**情動調律**が展開されます。母親の反応の適切さという質的な要因は，母子関係の安定性，つまり愛着の質に影響を与えます。

図3-3　応答的母親と乳児の相互交渉（Brazelton ほか，1974）

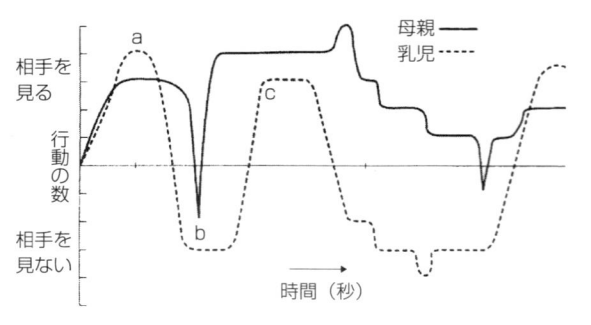

a　母子が見つめ合い，互いに微笑し発声する。
b　乳児は目をそらし，母親も自分の手を見て活動が減る。
c　再び乳児は母親を見つめ，母親は体をよせ，微笑，ことばかけをする。

2節 愛着

1 愛着とは（愛着理論）

　愛着理論は，ボウルビィとエインズワースによって確立されたといえます。この理論では，主な養育者である特定の個人（多くの場合母親——以後簡略化のため母親と記述します）に向けて乳児の相互交渉が焦点化され，それによって親密で継続的な情緒的絆を結ぶ傾向を，**愛着（アタッチメント）**と呼びました。愛着は，生物学的な基盤にもとづいて人間に本来そなわっている基本的な構成要素とされています。

　ボウルビィは，臨床ケース研究から出発して，精神分析とエソロジーの視点をとりいれて初期の母子関係の成立過程を検討し，母子の相互交渉にもとづく愛情の絆の重要性を提唱しました。そして日常生活のなかで母親の**安全基地**としての役割を実証したのがエインズワースでした。

　愛着理論の提唱以前，母子の結びつきは，おなかがすいたときミルクをくれるというような本能的な生理的欲求の充足を目的とした二次的動因にもとづく依存とみられていました。これに対してボウルビィは，依存にはネガティブなひびきが含まれること，1人またはごく少数の区別された人との情緒的に満たされた関係が含まれないこと，生得的な生物学的機能とみなされないことをあげて，愛着という説明概念を打ちだしたのです。依存という概念は，乳児を他者に依存するしかない受動的で無力な存在とみなしています。これに対して愛着理論では，能動的で積極的に他者との相互作用を求める社会的存在として乳児をとらえており，大きな違いがあります。母親への愛着の形成は，その後の社会への適応にとても重要な役割を果たすと考えられています。

　母子がお互いに引きつけあう傾向は，二次的動因にもとづく手段的なものではないという論拠として注目されたのは，動物学者ローレンツの刻印づけとハーロウの赤毛ザルの実験でした。

ローレンツは，カモなどの鳥類のヒナが，卵からかえって最初に目にはいった動く対象の後を追うことを見いだしました。この特性は**刻印づけ**（インプリンティング）と呼ばれています。おもちゃのジープ，動くぬいぐるみなどを人工的に孵化したヒナに最初に見せたところ，えさをくれるはずもなく，生理的欲求の充足とはまったく関係ないこれらの対象の後をついて歩いたことを示し，後追い自体が生来プログラムされた行動であることを検証しました。

　またハーロウは，生まれたばかりのアカゲザルの子どもを2種類の代理母模型（針金製および布製：針金を毛足の長いやわらかい布でおおったもの：図3-4参照）で飼育する実験をしました。各模型から授乳される子ザル群の行動を比べると，布製模型から授乳される群はもちろん，針金製模型から授乳される群も授乳時以外は布製模型に接触してすごすことが確かめられました（図3-5）。また，子ザルが恐怖を感じるような見慣れないぬいぐるみをオリに入れると，両群とも布製模型のほうにしがみつきました。これらのことから，子ザルにとって生理的欲求の充足が愛着形成の主要因とはいえず，接触の快感が重要であることが明らかにされました。さらに，子ザルはこの恐怖刺激に慣れてくると，布製模型を安全の基地として，探索行動を行うようになりました。しかし針金製模型のみしか置かれていない場合は，子ザルはおびえるばかりで，

図3-4　針金製母親と布製母親（Harlow & Mears, 1979）

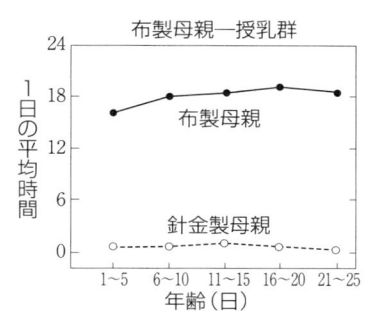

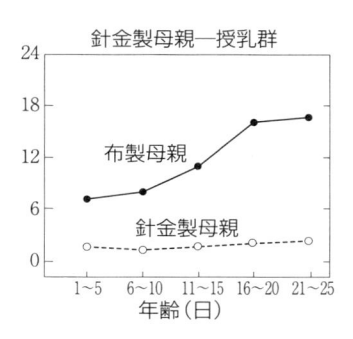

図3-5 2つの違う授乳条件で育った子ザルの布製母親および針金製母親と過ごした時間（Harlow & Mears, 1979）

探索行動は現れませんでした。

このような動物の特性が、まったくそのまま人間にあてはまると結論づけることは、難しいと考えられますが、二次的動因説への反論として大きな役割を果たしました。

2　愛着の形成と発達

子どもが母親と深く結びつく理由を調べると、母子相互作用の記述にあるように、母親への接近を維持するのに役立つような独自の行動パターンが子どもにあらかじめ組み込まれていることがわかります。この行動特性は生後数カ月の間に発達します。相互作用を求める**生得的な行動パターン**が有効に働き、愛着が形成されるかどうかは、子どもの養育をめぐって乳児と母親との間で交わされる相互作用の量によります。子どもがシグナルを発するとき、タイミングよく応答的にかかわり、子どもとの相互作用を営む特定の人が子どもに弁別できたとき、子どもはその対象に対して愛着を形成します。

また、母親の側の要因として、愛着を形成するために子どものシグナルに気づき、適切な養護的行動を行うには、心身の健康とともに身のまわりの人々のサポートや生活史上の経験が大きな役割を果たします。ラドケ・ヤロウらによれば、母親が抑うつ状態にある場合、子どものシグナルへの対応がうまくいか

ないために、子どもの愛着は不安定なものでした。また、母親が自分の親から虐待を受けた経験をもつ場合、子どものシグナルを自分への拒否と思ってしまうことなどから、適切な対応を行えなかったり、子どもに虐待を行うことで相互交渉が成立しないことがあります（コラム3参照）。さらに母親が父親をはじめとする身のまわりの人々のサポート（第9章2節参照）を受けられない場合、育児不安が高まり、適切な対応が困難になる傾向があります。

相互交渉がうまくかみあい愛着が形成されると、子どもは愛着行動を示します。愛着行動とは愛着対象への接近を維持し、接触を求める行動です。ボウルビィによれば、発信行動（泣き、微笑、発声など）、定位行動（注視、後追い、接近など）、能動的身体接触行動（よじ登り、抱きつき、しがみつきなど）のカテゴリーに分類されています。愛着行動は、生後6カ月ごろからみられ、1，2歳ごろ活発にあらわれますが、幼児期後半以降減少し、年齢や状況によって表現方法は変化します。病気や不安なときなどの非常時にはとくに活性化します。

エインズワースはアフリカのウガンダでの観察から、生後1年くらいまでに

表3-1 エインズワースによる愛着行動の12の項目(Ainsworth, 1963より作表：矢野・落合, 1991, 繁多, 1987を合成)

愛着行動の項目	行動例	開始齢	月齢	
			6カ月	10カ月
①分化した泣き	母親が抱くと泣きやむ	12週〜	71.1%	79.4%
②分離による泣き	母親が部屋から出て行くと泣く	25週〜	32.2	25.0
③分化したほほ笑み	とくに母親にほほ笑みかける	32週〜	38.9	73.0
④分化した発声	母親への泣きでない発声	20週〜	52.5	80.1
⑤視覚運動的定位（追視）	母親を目で追う	18週〜	72.8	87.2
⑥追随運動（後追い）	母親が部屋を出ると後を追う	24週〜	28.8	95.9
⑦よじ登り	母親の体によじ登り、顔などに触れる	30週〜	45.7	96.4
⑧顔埋め	母親の所に帰って、母親の体に顔を埋める	30週〜	15.2	91.8
⑨安全基地からの探索	母親を安全基地として、離れて遊ぶ	33週〜	6.7	91.3
⑩しがみつき	脅えたりしたとき、しがみつく	9カ月	30.5	84.5
⑪両腕を上げる歓迎	母親と再会時、抱かれるように両腕をあげて歓迎する	21週〜	52.5	86.7
⑫両手を打つ歓迎	母親と再会時、両手を打って歓迎する	30週〜	10.1	——

（注）6カ月児59名、10カ月児166名、10カ月の「両手を打つ歓迎」はとっていない。

乳児が示す愛着行動を表3-1のようにまとめました。これにもとづいて、繁多進は日本の乳児の愛着行動を、母親から聞き取り調査しました（表3-1の右側）。これらの結果から、生後6カ月と10カ月では愛着行動の出現率に差がみられ、愛着行動の形態の発達的変化が示唆されました。

ボウルビィは愛着の発達を段階的にとらえています（図3-6参照）。

〈**第1段階**〉 人物弁別を伴わない定位と発信（誕生から生後8～12週ごろまで）。この時期の子どもは、人の姿を目で追ったり、声のするほうを見たり、自分からも声を出して注意をひきつけたり、人に手を伸ばしたりしますが、相手を選ばず誰から働きかけられても喜ぶし、誰にでも興味を示します。

〈**第2段階**〉 1人または数人の弁別された人物に対する定位と発信（生後12週ごろから6,7カ月ごろまで）。人に対する反応や働きかけは、第1段階よりさらに活発になるとともに、自分にとって大切な特別な人（多くの場合母親）に対してはそれ以外の人と区別して反応や働きかけをとくに積極的に行います。

〈**第3段階**〉 発信ならびに移動による弁別された人物への接近の維持（生後6,7カ月から2,3年くらいまで）。母親に対する愛着の形成が明確になり、母親への反応がほかの人への反応と著しく異なるようになります。また、ハイハイなどの移動が可能になるため、後追い行動など愛着行動レパートリーが広がります。いわゆる人見知りがみられる時期ですが、母親を手がかりに愛着の対象をひろげていく時期でもあります。見慣れた家族などは、二次的愛着の対象となる一方で、見慣れない人とのかかわりを避けるようになります。

〈**第4段階**〉 目標修正的協調性の形成（生後2,3年以降）。この時期になると子どもは、母親が手紙を出しにポストのところまで行ったけれど、すぐに帰ってきてくれるなど、目標をもった母親の行動を洞察することができるようになり、必ずしも身体的接近がなくても安心していられるようになります。安全のよりどころとしての愛着対象のイメージが内在化されるようになったといえます。

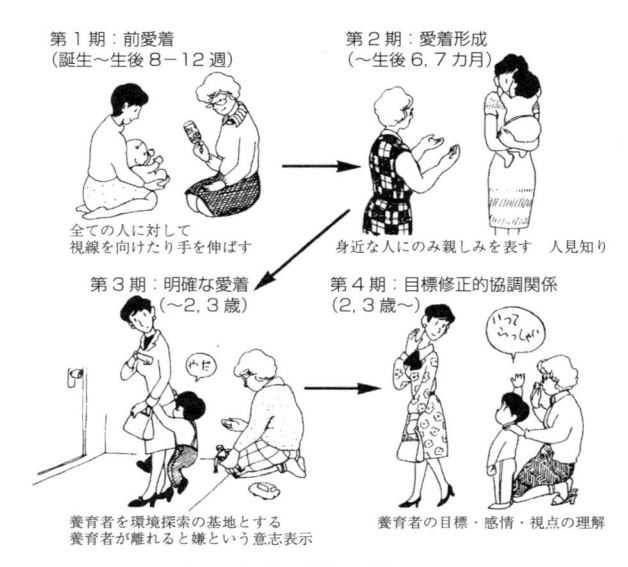

第1期:前愛着
(誕生〜生後8-12週)
全ての人に対して
視線を向けたり手を伸ばす

第2期:愛着形成
(〜生後6,7カ月)
身近な人にのみ親しみを表す　人見知り

第3期:明確な愛着
(〜2,3歳)
養育者を環境探索の基地とする
養育者が離れると嫌という意志表示

第4期:目標修正的協調関係
(2,3歳〜)
養育者の目標・感情・視点の理解

図3-6　愛着の発達 (藤生,1991)

3　愛着のパターン

　愛着行動は，非常時に活性化します。エインズワースらは，初めての場所，知らない人の出現，母親の不在といったストレスの強い状況での乳児の愛着行動を観察する，ストレンジシチュエーション法という実験方法を開発しました。**ストレンジシチュエーション法**は，愛着行動の有無および質（愛着が安定したものか，不安を伴ったものか）をとらえる方法です。実験は8つのエピソードで構成されています（図3-7参照）。この一連のエピソードのなかで，母親がいれば知らない場所でも探索行動を示すか，母親を安全の基地として知らない人をどう受け入れるか，母親が退出するときの泣きや後追い，母親が戻ってきたときに母親との接近や接触を求める歓迎行動や活動が活性化するか，といった子どもの行動を，ビデオ記録から抽出し，分析します。

　実験における子どもの反応のしかたを検討し，母親との分離のとき悲しみを示すかという点と，母親との再会によって悲しみが慰められるかという点から，愛着のパターンは3群に分類されます。**安定群**（B群）は，母親を安全の基地

第3章 ◆ 自分をとりまく人々とのかかわり

① ストレンジャー用　子ども用オモチャ　母親用 ドア 実験者が母子を室内に案内，母親は子どもを抱いて入室。実験者は母親に子どもを降ろす位置を指示して退室。（30秒）	⑤ 1回目の母子再会。母親が入室。ストレンジャーは退室。（3分）
② 母親は椅子にすわり，子どもはオモチャで遊んでいる。（3分）	⑥ 2回目の母子分離。母親も退室。子どもはひとり残される。（3分）
③ ストレンジャーが入室。母親とストレンジャーはそれぞれの椅子にすわる。（3分）	⑦ ストレンジャーが入室。子どもを慰める。（3分）
④ 1回目の母子分離。母親は退室。ストレンジャーは遊んでいる子どもにやや近づき，はたらきかける。（3分）	⑧ 2回目の母子再会。母親が入室しストレンジャーは退室。（3分）

図3-7　ストレンジシチュエーションの8場面（繁多，1987）

として新奇場面で活発に探索を行い，母親への接近，接触要求が強く，分離のときの悲しみや再会による歓迎行動が目立ちます。**回避群**（A群）は，母親への接近，接触要求が少なく，分離のときの泣きや再会による歓迎行動はあまりみられず，母親からのはたらきかけを回避しようとします。**両極（アンビバレント）群**（C群）は，不安を示す傾向が強く，分離では強い悲しみを示し，再会して

も悲しみや不安がなかなか慰められずに反抗的な行動がみられます。実験に参加した子どもを対象に，家庭での日常的な行動を観察した結果でも，安定—不安や協調—怒りなど行動に群間差がみられました。

エインズワースらの研究では，A群約22%，B群66%，C群約12%でした。世界8カ国で行われた39の同様の研究でも，群の比率はほぼ同じでした。しかしドイツではA群，日本やイスラエルではC群の比率が高いという報告があります。家族の生活様式や養育態度の違いによる影響が想定されています。

後にメインらは，群分けに疑問があると考えられた子どもたちの記録を再検討して，共通のパターンを見出しました。そして既存の3群に，この無秩序・無方向型（D群）を追加することを提唱しました。D群は行動の一貫性がみられず，本来両立しない接近と回避のような行動が同時に活性化し，行動の方向が定まらない動きに特徴があります。

4　内的ワーキング・モデル

ボウルビィの理論によれば，養育者との初期の愛着関係は内在化され，後の家族以外の人々との関係の原型となります。愛着の内在化には2つの重要な特質があります。1つは愛着人物がサポートを与えてくれる人かどうかという**他者のイメージ**，もう1つは自分が他者，とくに愛着人物に援助的に応えてもらえるような人間であるかという**自己イメージ**です。この他者—自己関係における認知構造をボウルビィは，**内的ワーキング・モデル**と呼びました。内的ワーキング・モデルは，愛着に関する情報への注意や，愛着に関する記憶や感情，行動への体制化をすすめます。このモデルが多くの場合，自動的に働き，個人の対人関係が一定の方向で安定していくと考えられます。

メインらは，内的ワーキング・モデルが行動を組織化するのみでなく，さまざまな情報を組織化する高次の精神活動にも影響をおよぼすものとして再定義しています。内的ワーキング・モデルは，各自をとりまく状況について選択，解釈し，評価を行って，対応する行動を方向づけるもので，認知・情動系をコントロールする情報処理システムであると考えられています。

内的ワーキング・モデルについて，幼児や児童では家族写真への反応やフリートーク，家族人形を使う方法などを資料として検討されています。メインらは，縦断研究開始から5年経過しても，不安や緊張が高まる愛着ニードが喚起される状況において，行動，表象，言語などのレベルで内在化された愛着関係が現れることを確認しました。これは，親がその場にいるかどうかに影響を受けないことが示されています。

青年期以降の内的ワーキング・モデルに関してメインは成人愛着面接を行い，おとなの愛着も子どもの3種の愛着パターンと同様に分類され，自分の子どもとの相互交渉や，子どもの愛着の安定性を予測することを明らかにしました。

青年期以降の内的ワーキング・モデルが，乳幼児期の相互交渉によって形成された愛着パターンの体制化されたものとして，その延長線上にあるものと考えられるかどうかについては，今後さらに検討を重ねることが期待されます。

3節 愛着対象のひろがり

1 父子関係

子どもはまず母親との愛着を形成し，それを基礎に，父親をはじめとする家族，親族というように愛着の対象をひろげて対人関係能力を発達させ，社会化が推進されると考えられます。拡大された対人的つながり（父親，兄姉，祖父母など）は**二次的愛着対象**と呼ばれます。このように1つの核から人間関係が発展するという考え方は漸成説と呼ばれます。これに対してルイスは，さまざまな対象の機能に応じた独立の相互関係を形成すると考える社会的ネットワーク理論を提唱しました。

父子関係については，子どもへの関与が多くないことや，就業により調査・資料収集が困難なことなどから，母子関係と比較すると研究報告が非常に少ないといえます。しかしラムの研究を発端として，1970年代から父子関係についても着目されるようになりました。

ラムは，生後7カ月から13カ月の乳児を対象に，各家庭で父親と母親と訪問者に向けての，愛着行動（近接，接近，接触，抱き上げの要求，手を差し出す，騒ぎ立てる）と，親和行動（微笑む，声を出す，見つめる，笑う，提供する）の観察をしました。その結果，愛着行動には，父親と母親の差がありませんでした。また，両者とも訪問者より多いことが示されました。また父親への親和行動は，母親より多くみられました。

　母親は子どもの世話をすることでは父親より多いのですが，父親は子どもの遊び相手をよくしており，遊びの内容も「タカイタカイ」など運動量の多い身体的かかわりが多く，伝統的な遊びをよくする母親とは異なっていました。このようなかかわり方の違いは，乳幼児の側の期待の違いとなって表れます。マクドナルドらは，父親が子どもとの身体運動や子どもへの活発なかかわりを積極的に行い，母親が子どもへの言語的な働きかけを積極的にすることによって，子どもの社会性が促進されることを示しています。また，母親・父親それぞれの子どもとの関係だけでなく，夫婦間の関係の良好さや葛藤が，子どもの愛着に影響することも示唆されています。

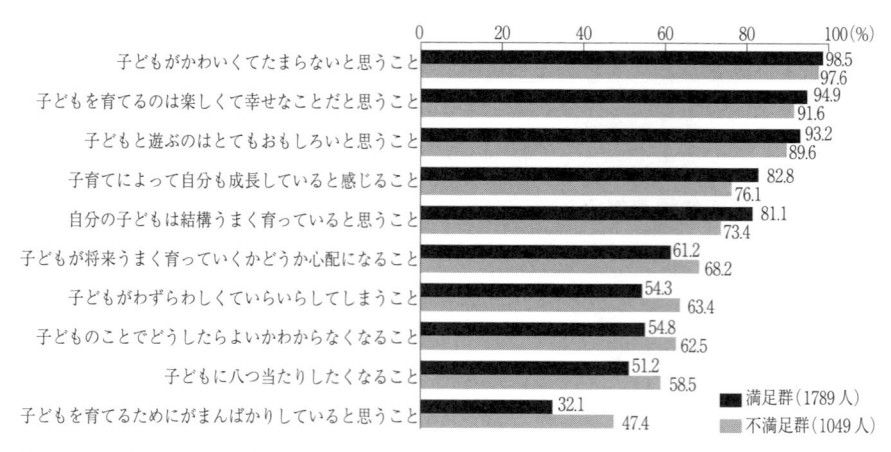

項目	満足群(1789人)	不満足群(1049人)
子どもがかわいくてたまらないと思うこと	98.5	97.6
子どもを育てるのは楽しくて幸せなことだと思うこと	94.9	91.6
子どもと遊ぶのはとてもおもしろいと思うこと	93.2	89.6
子育てによって自分も成長していると感じること	82.8	76.1
自分の子どもは結構うまく育っていると思うこと	81.1	73.4
子どもが将来うまく育っていくかどうか心配になること	61.2	68.2
子どもがわずらわしくていらいらしてしまうこと	54.3	63.4
子どものことでどうしたらよいかわからなくなること	54.8	62.5
子どもに八つ当たりしたくなること	51.2	58.5
子どもを育てるためにがまんばかりしていると思うこと	32.1	47.4

図3-8　母親の子育て意識―父親の育児参加に対する満足度別―（ベネッセ教育研究開発センター，2006）

父親の育児関与は子どもへの影響ばかりでなく、母親の養育に影響があることも示されています。父親の育児参加の満足度が高い場合、母親は不安が低く、ポジティブな子育て意識をもつという調査結果がみられます（図3-8）。

メインらが**ストレンジシチュエーション法**を用いて、母親への愛着と父親への愛着を別々に測定したところ、母親か父親のどちらかに対しては安定した愛着を示し、もう一方に対しては不安定な愛着を示した子どもが、約1/4ずついました。子どもの愛着は、父親と母親が補いあっている場合も多いことを示していると考えられます。しかしラムによれば、見知らぬ人が同室するといったストレスのやや強い状況では、母親への愛着行動がより多い傾向がみられました。

2　きょうだい関係

きょうだい関係の特徴として、相互交渉の頻度が多い、感情が抑制されていない、興味が類似する、模倣的なやりとりが多い、愛着が生じるなどがあげられ、対人関係やパーソナリティへの影響が想定されています。

家族に第二子が誕生することによって、家族内の対人関係のパターンは図3-9に示すようにとても複雑になります。第二子の誕生は、それまで家族のなかのただ1人の子どもとしてケアされてきた第一子に大きな影響を与えると想定されます。しかし第二子誕生の第一子への影響を調査した報告には、さまざまな結果がみられ、必ずしも第一子が危機的状況としてとらえて退行などの問題行動を起こすとは限らないことが示されています。おそらく第二子誕生以前の親子関係や、誕生以後のかかわり方など多くの要因が複合的に影響すると考えられます。母親との愛着は年上や年下のきょうだい関係におけるポジティブな行動に関連するという研究結果が示されています。

エインズワースや小嶋秀夫らの研究などから、第二子が第一子に対して愛着を形成することが示されていますが、母親がいる場面では、母親への愛着が強く、兄姉は安全の基地として機能しにくいことも明らかになっています。

クレップナーらは、第二子の誕生による家族内の対人関係の変化のプロセスを、3段階に区分しています。

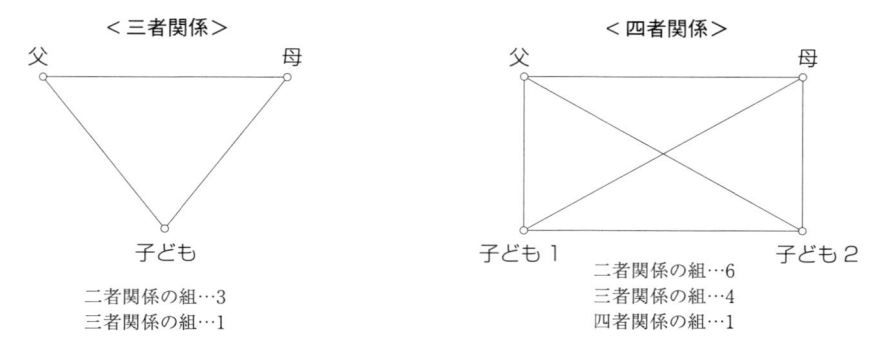

```
        <三者関係>                    <四者関係>
    父          母              父                母


          子ども              子ども1          子ども2
    二者関係の組…3              二者関係の組…6
    三者関係の組…1              三者関係の組…4
                                四者関係の組…1
```

図3-9 三者関係と四者関係の相互交渉のパターン（Kreppnerほか，1982）

　第1は，第二子が生まれてから生後8カ月くらいまでの時期です。父親と母親はレベルの違う2人の子どもそれぞれに対応し，養育を行わなければならず，夫婦間の協力や役割分化の必然性が高まります。第一子は第二子に対する自分の優位性とともにうらやましさも感じます。第2は，第二子が16カ月くらいまでの時期です。第二子が活動的になり，行動範囲がひろがることできょうだい間のいざこざが増えます。第一子は注目を集めがちな第二子に対抗して母親の注意をひこうとします。第二子は第一子の活動に興味をもち，模倣します。第3は，第二子が2歳くらいまでの時期で，家族それぞれの特徴，立場や役割の違いが明確になり，それらに応じた相互交渉が展開するようになります。第二子の能力の発達によってきょうだい間の交流も多くなります。

　きょうだい関係が仲間関係にどのように影響するかについてはさまざまな結果があり，断定はできません。おそらくきょうだい関係が，そのときの仲間関係に直接影響するというよりも，きょうだい間の相互交渉の積み重ねが，その後の仲間関係などの対人関係に影響するのではないかと考えられます。社会的学習理論では，年齢が近いことや性別が同じことがモデリングを促進すると考えられています。きょうだいはモデルとなりやすい立場にあります。そこから，第二子の仲間に対する行動が，第一子の行動パターンや，第一子と自分との相互交渉のしかたから影響を受けることが想定できます。

コラム4

◆ 母性の発達 ◆

　電車のなかで赤ちゃんを抱いた人が目の前に座っていて，赤ちゃんとあなたの目が合ったとき，あなたはどうしますか？　「ばあー」と思わずあやしてしまう人，「重たそう」と客観的にみる人，「泣かれたらうるさいな」と警戒する人，さまざまでしょう。

　女性＝母性＝育児という社会通念はまだ根強く存在しています。1990年の家庭教育に関する世論調査で，子どもにほとんどかかわらないという父親の理由は，1位は仕事が忙しく時間がない，2位は子育ては母親（妻）の仕事だと思うから，というものでした。

　生まれつき女性は母性的なのでしょうか？　子どもに対する養護的な構えや愛着の形成などは，生得的なものではなく，母親本人の生育過程を通して形成されるものであり，その人の発達過程すべてがかかわっていると考えられています。

　クラウスは動物の行動から，人間にも出産直後に**母性の敏感期**があると考え，出産後の母子の接触時間を増やすとその後の母親の養育行動が良好であることを示しました。このことが出産後の母子同室を促進したのですが，必ずしもそうとばかりはいえないことが後に明らかになりました。

　大日向雅美は，母親としての心理的な発達は，妊娠のときからはじまると述べています。妊娠6カ月から出産後4カ月時点までの母親の心理を追跡調査した結果から，妊娠に気づいた当初の妊娠に対する受容のあり方と夫婦関係が，わが子の受容と母親としての感情の発達の規定因となっていることを指摘しています。

　蘭香代子は，母性のめざめと発達について，母親の体験プロセスと，自我，母親感の視点から図式化して示しています。妊娠4カ月以降，体型の変化によってボディイメージが変容するとともに，胎動の体験によって母親の自我は胎児との一体感を感じる **Coセルフ** へと変化し，母親となることを実感して母性意識がめざめ，発達します。胎動はとくに妊婦に大きな心理的効果を及ぼし，母親と胎児の相互作用を活発にする強力な要因となっています。

（森　和代）

コラム5

◆ 検査の妥当性と信頼性 ◆

心理検査で測定しようとするものは，身長や体重のように直接測定できないものがほとんどです。そのため，検査者が測定しようとしたものを，使用したテストがはたして本当に測定しているかは常に問題となります。**妥当性**とは，ある尺度が測ろうとしているものを本当に測っているのかということに関係する概念です。たとえば，漢字の力を測るために，書き取りのみからなるテストを行ったとします。このテストは多くの漢字を含み，高い信頼性が得られるかも知れません。けれどもそのテストの結果を「漢字力」と呼ぶのは妥当かもしれませんが，「国語の学力」と呼ぶのには問題があるでしょう。国語には漢字だけではなく，文法の問題や，読解の問題も含まれるはずだからです。このテストは，信頼性があっても「国語の学力」テストとしては妥当性がないということになります。

信頼性は一貫性とほぼ同じ意味のことばで，用いたテストによる測定の誤差の程度を示すものです。測定値には常に誤差が伴いますが，その誤差はできるだけ小さいことが理想です。性格検査をすると，「もう一度やるときっと結果が違うだろうから当てにならない」という感想をもつ学生がいます。もしそうだとすると，これは，ちょうど伸び縮みする物差しで長さを測っているようなもので，測るたびに長さが違ってくることになります。このような尺度は信頼性がないということになります。書き取りのみの「国語の学力」テストのように，信頼性が高くても妥当性が低いことはありえますが，信頼性が低い検査は妥当な検査とはいえません。

信頼性が測定の正確さに関するもので，いくつかの決まりきった手続きによって検討できるものであるのに対して，妥当性は多面的で検討することが難しい概念です。

（塩崎万里）

第 4 章

自分自身を知る

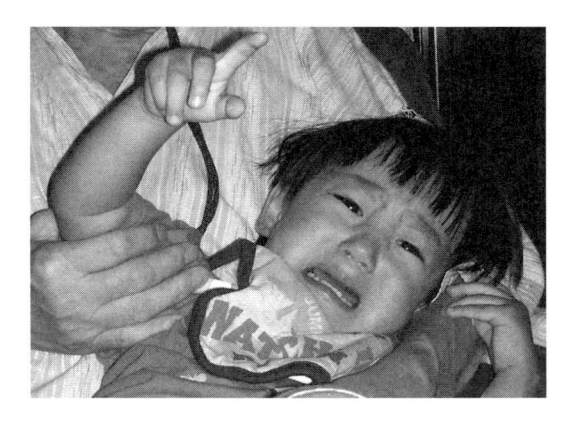

自己の発達

　保育所からの帰り道。1歳10カ月のゆうくんは，自分がいつも乗っているベビーカーを，母親の代わりに自分で押すといってききません。母親がベビーカーに乗せようとすると，「自分で，自分で」と言って，激しく泣きながら抵抗します。「危ないから。自分ではできないでしょ」と母親が何度言っても，「できる，できる」と，ベビーカーを自分で押すと言いはります。

　歩けるようになったといっても，子どもがベビーカーを押して帰るには時間がかかりすぎます。早く買い物をして帰りたいのでイライラする母親。怒りたくなる気持ちを抑えて，しかたなく母親は車が来ない安全な所で，あちこちぶつけながら危なっかしくベビーカーを押す子どもにつきあいます。しばらくして満足したのか，ゆうくんはベビーカーに自分から乗り，おとなしくなりました。

　子どもにとって「自分でする」とはいったい何を意味しているのでしょうか。ここでは，子どもが「自分」にどのようにして気づき，それをどのように発達させていくのかについて見ていきます。

1節 自己の知覚

1 自他の分化
a 身体への気づき

　生後3カ月ごろになる赤ちゃんをよく見ていると，赤ちゃんが自分の足を器用になめたり，手を不思議そうにじっと見ている様子に気づくことがあります。また歯が生えはじめると自分の手足をかんでしまい，泣き出すこともあります。自分の身体に触れ，そこから得た感触によって，子どもは感覚的に，自分の身体は自分のものであると気づいていくのです。

　ところが自分の身体とは違って，母親の身体は時として自分の思うようにはなりません。自分の手足なら，いつでも自分の好きなときになめることもさわることもできます。しかし，お腹がすいて泣いても，おむつがぬれて気持ち悪くても，時には母親が自分のそばに来てくれないことがあります。子どもはこのような経験を繰り返して，母親と自分を区別しない母子一体の未分化な状態から，母親は自分とは違う存在で，いつも自分の思い通りになるとは限らない他者であることを理解していくのです。すなわち自分と他者とは異なるという自他の分化を，このような経験を通して，次第に習得していくようになります。

b 文化によって異なる自他の分化

　日本には，親が赤ちゃんを自分と同じ蒲団で寝かせる添い寝の習慣があったり，たとえ同じ蒲団でなくても，両親と同じ部屋で寝かせることが一般的です。夜中に泣き声をあげると，隣に寝ている母親がすぐあやしてくれます。それによって，日本の子どもは，欧米の子どもよりも強い母子一体感をもつといわれています。一方，欧米では赤ちゃんは1人で別室に寝るのが普通です。夜中に目を覚ましても隣に母親はいません。このような就寝形態のちがいは，子どもの自他の分化に関する発達に違いをもたらします。

　図4-1は欧米と日本の自己と他者の関係性についての違いを表したもので

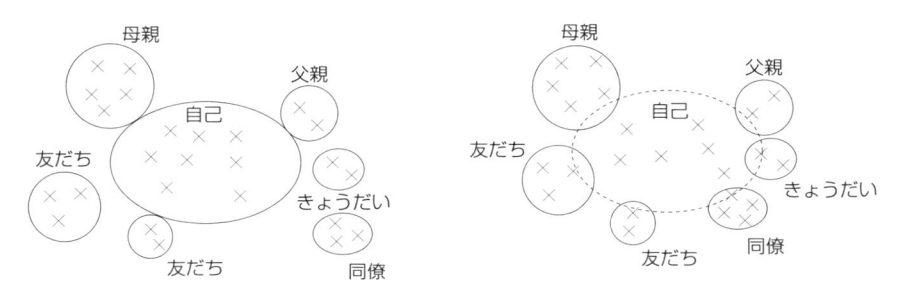

図4-1　欧米の相互独立的自己観（左）と日本の相互協調的自己観（右）
（Markus & Kitayama, 1991）

す。欧米の文化・社会では自分の考えをはっきり言ったり，自分は他者とは違う存在なのだといったような，独立した個人であることを，幼いころから子どもに教え込むことが多いといわれています。一方，日本では他人の気持ちになって行動するといった相互協調的な自己が，個人に期待される傾向があります。

　野菜をどうしても食べようとしない子どもに，日本の母親は「せっかくお母さんが作ったのに。食べてくれないと悲しいな」「お百姓さんが一生懸命作ったんだよ」と言って，子どもの気持ちに訴えたり，他者に思いやりをもたせるようなしつけをします。それに対して欧米（アメリカ）では，「絶対に食べなさい。親の言うことを聞きなさい」というように，親子の間にしっかりと境界線を引き，親の権威に訴えて子どもをしつけようとします（表4-1）。このような**しつけの違い**も，自分と他者の考え方に関する文化の違いからきているのです（コラム6参照）。

2　自己認知
a　鏡のなかの自分

　自分と他者は異なる存在であると認識するようになると，今度は自分自身を対象化して見ることができるようになります。これは鏡に映った

表4-1　言うことを聞かせるためにあげる根拠の日米比較（東, 1994）

根拠	日本（％）	アメリカ（％）
親としての権威	18	50
規則	15	16
気持ち	22	7
結果	37	23
その他	8	4

自分の姿をどうとらえるかという，鏡映像の自己に対する認識の実験によって確認することができます。鏡の前に座らせても，3, 4カ月ごろまでの赤ちゃんは，鏡に映った自分（**鏡映像**）を自分自身だとは思わないようです。赤ちゃんは鏡映像に対して，もう1人別の人がいるかのように，顔を鏡につけたり，鏡をたたいたりします。イヌが鏡に映った自分の姿を見て，自分だとはわからず，鏡に向かってほえるのと同じように，ヒトの子どもも自分自身だとは認知できない時期があるのです。

　1歳ごろになると，鏡に映った他者は，実物ではないと認識する段階を経て，1歳半ごろには自分の鏡映像は自分を映したものではあるが，実物ではないことを理解するようになります。寝ている間に子どもの鼻の頭に口紅をつけておき，目を覚ましてから鏡を見せた時の反応をみる実験があります（ルージュ課題）。この時，鏡を見ながら口紅をとろうとするならば，鏡の映り姿は自分だと認識していることになります。2歳ごろになると，鏡映像は自分の映り姿であることを，約7割の子どもが理解するようになります。鏡に映った自分の姿を他者に見立てて，鏡の前でポーズをとったり，鏡のなかの自分に向かって話しかけながら，ひとり遊びをする女児の姿がみられるようになるのです。

　b　他者の存在の重要性

　鏡映像が自分自身であるとわかるためには，**他者の存在**が必要不可欠となります。通常チンパンジーはイヌやサルとは異なり，鏡映像を自分だと認識できるのですが，仲間と隔離されて育てられたチンパンジーは，それが認識できません。鏡に映った自分の姿に対して，歯を向いて怒ったり反対に怖がったりします。すなわち，**自己認知**は生まれつき自然とできるようになるものではなく，他者の存在があってこそ，自分自身を認知できるのです。それゆえに子どもは自己像よりも他者像を早くに認識するようになるのです。

3　名前や所有の認知

　生後3カ月ごろ，「あやちゃん」と名前を呼ぶと，赤ちゃんは親に笑いかけます。親は赤ちゃんが笑ったことがうれしくて，何度も赤ちゃんの名前を呼び

ます。ところが赤ちゃんを別の名前で呼んでも，同じように笑うのです。このころの赤ちゃんは，呼ばれた名前が自分のものであるとは理解できません。

1歳3カ月ごろになると，はっきりと自分の名前であることがわかり，自分の名前を呼ばれると「ハイ」と答えるようになります。そして名前を呼ばれると自分を指さす時期を経て，1歳8カ月ごろになると，自分のことを「あーちゃん」と名前で呼ぶようになるのです。名前が自分のものであることや，自己が何者であるかを認知するのです。

名前が自分のものであることに気づくようになると，今度は1歳5カ月ごろから，自分のおもちゃや靴も自分のものであることを理解するようになります。それまでは自分のおもちゃを取られても，平気な顔をして別のおもちゃで遊んでいた子どもが，「あーちゃんの」と言いながら取り返そうとします。自分の所有物が認識できるようになったのです。

鏡に映った自分の姿に気がついたり，自分の名前や所有物を認知することは，他者とは違う自分が存在するという，自己の気づきへの出発点であり，それらは互いに関連性をもって発達していきます。

2節　自己意識の発達

1　第一反抗期

自己認知や所有意識が芽生えてくると，次第に自分の意思や欲求を周囲のおとなに強くぶつけるようになってきます。この章の最初に，ゆうくんのベビーカー押しの例をあげましたが，それまで素直に親や保育者の言うことを聞いていた子どもが，徐々に反抗するようになってきます。これは**第一反抗期**と呼ばれます。実は第一反抗期の芽生えは，乳首を唇で払いのけるといった否定の行動表現をすることによって，生後3カ月ごろにはすでにみられます。しかし第一反抗期が本格的になるのは，身体的にも成熟し，自己認知も発達してくる2

〜3歳ごろです。このころになると，「自分でする」と言ってどうしても譲らなかったり，親や保育者に対して激しく反抗する姿がみられます。

　親は言うことを聞かなくなったわが子にとまどってしまいますが，実はこれは子どもの発達にとって，2つの意味で重要です。1つは，自分は親とは違う独自の意思をもっていることを確認するという**自己意識**の高まりを意味します。もう1つは，今まで親や保育者にやってもらっていたことを自分でやることで，自分の能力を試したいという欲求の表れを意味しています。自分の実力以上のことに挑戦しようとすることで自分の能力を確認し，そしておとながしたことに反発することで，自分も意思をもった人間であると，おとなに主張しようとするのです。自分の意思をことばで表現できるようになったり，実際に自分の身のまわりのことができるようになってくると，第一反抗期特有のできないことでも「自分でする」と言って，親に激しく反抗する行動は次第に少なくなっていきます。

　また第一反抗期は発達の遅れを見つけ出す重要なめやす（**発達指標**）にもなります。発達に遅れがある子どもの親のなかには，通常激しい反抗の時期に，子どもが目立った反抗をしなかったと報告することがあります。第一反抗期は，親にとってそれまで素直でおとなしかった子どもが，自分に反発してくるという厄介な時期ですが，見方を変えれば子どもの自己意識が順調に発達しているという重要な発達指標となるのです。

2　自尊感情の発達

　自分の能力以上のことに挑戦しようとすると，当然うまくいかなくて失敗することがあります。「自分はもっとうまくできるはずだ」という**理想の自己**と，「うまくできない」という**現実の自己**に，子どもはどう対処してよいかわからず，かんしゃくを起こすことがあります。そのような行動は，親や保育者にとって，時にはとてもいらいらさせられるものです。しかし，見方を変えれば，これらの行動は，むしろ高い理想自己をもち，能力以上のことに挑戦しようとする意欲ある子どもの姿なのです。

ところが、「ぼくのほうがとおるくんよりへただ。でもがんばってみよう」と思っているところに、「だめねえ。とおるくんはあんなにじょうずにできるのに」などと親から言われると、子どもは他者から否定的な評価をされたと思い、**自尊感情**が傷つけられたと感じます。逆に「がんばって」と励まされ、ついには自分の力でやり遂げると、「自分はよくできるのだ。すばらしいのだ」と自己を肯定的にとらえ、自尊感情は高くなります。他者から「すごいね。よくできたね」とほめられたり、自分はできるのだという**有能感**（**コンピテンス**）を獲得することによって、子どもは自分を肯定的にとらえられるようになるのです。

親や保育者の声のかけ方1つで、子どもの自尊感情は変化します。他者とのかかわりのなかで、年齢とともに子どもの自尊感情はさまざまに変わっていきますが、幼児期に得た自尊感情は、子どもがその後、自己をどうとらえるかという基盤になっていくのです。幼児期に自分を肯定的にとらえることを学習した子どもは、児童期、青年期に、力及ばずできないことがあっても、自分の能力を完全に否定することなく生きていけるのです。

3　性同一性

保育所の2歳児のクラスで「女の子、手をあげて」と保育者が声をかけると、つられて一緒に手をあげる男の子がいます。保育者に「男の子でしょ」と言われると、その子どもは半分照れくさそうな顔をしながら手を下ろします。ところが3歳児クラスでは、「女の子、手をあげて」と保育者が声をかけると、自分が男の子であることがわかったうえで、わざとふざけて手をあげる子どもがいます。2歳前後から、子どもは自分が女であるか、男であるかがわかってきますが、より明確になるのは3歳前後です。

コールバーグが示した性の恒常性の発達によれば、3～4歳ごろには自分が男なのか、女なのかがわかる段階（性の同一視）を経て、女は女でありつづけ、お父さんにはなれないこと（性の安定性）を、4～5歳ごろになるとわかってきます。そしてズボンをはいていても女の子であるというように、表面的な格

好や行動で性は変わらないこと（性の一貫性）も5〜7歳ごろには理解できるようになります。しかし，性別違和をもつ人のなかには，早くから自分の生物学的な性に対して違和感や疑問を抱くことがあります。

　また，以上のような生物学的な性の認知と，心理的・社会的な性の認知の発達は，周囲のおとなが子どもにどのような接し方をしていくかによっても異なります。日本では男の子がきれいな服装や装飾品に興味をもつと「男の子のくせに」と言われ，女の子が木登りをして服を汚してくると「女の子のくせに」と言われます。しかし，ミードがかつて指摘したように，ニューギニアに住むチャンブリ族では，その当時の欧米社会とは逆に，女の子は将来経済活動を担うことを子どものころから期待されているため，活発で自信に満ちていました。その一方で，男の子は恥ずかしがり屋の傾向があり，将来きれいに着飾り芸術活動をするよう訓練されていました。

　性別に応じて，個人が社会から身につけるべきだと期待されている心理的・社会的特性のことを**性役割**といいます。自分は女の子だから人形遊びをするのが好きだ，男の子だから強くたくましくあらねばという気持ちは，生物学的な性の認知とは異なり，どの文化・社会においても同じように発達するわけではありません。その子どもをとりまく社会が，男女にどのような性役割を期待しているかによって，心理的・社会的な性の認知は大きく異なってきます。

3節　自己制御

1　自己主張と自己抑制

　子どもの自己意識が発達するにつれて，自分の自尊感情が傷つけられたときには抗議をしたり，自分のほしいおもちゃを「ほしい」としっかり言えるようになってきます。このように自分の意見や欲求を他者に伝えることを**自己主張**と言いますが，このような自己主張・実現面は，図4-2にみられるように，日本では5歳ごろまで急激に伸びていきます。しかしその後横ばい状態になり

第 4 章 ◆ 自分自身を知る

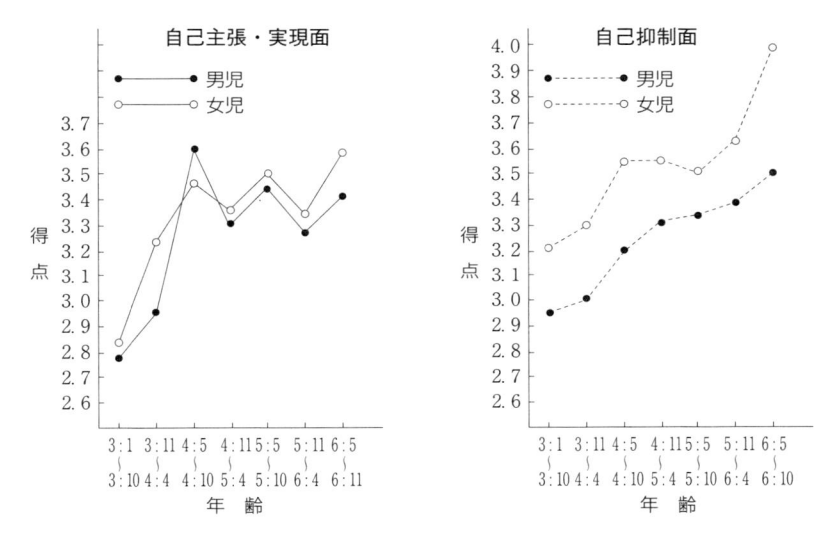

図 4-2　2 つの自己制御機能（自己主張・実現と自己抑制）の発達（柏木，1983）

ます。これは，自己主張をしはじめた子どもに対して，家庭や集団生活の場でしつけが行われはじめることとも関係しています。

「もうお兄ちゃんなんだから我慢しなさいね」「お友だちが終わるまで待っててね」などと言われ，我慢したりきまりを守ったりすると，「いい子ね」と肯定的な評価が与えられます。このようなしつけが子どもに内在化された結果，ブランコの順番を待ったり，ほしいおもちゃもときには進んで妹に譲るようになってきます。自分にとっては不快・苦痛なことでも，他者や集団のために我慢したり待ったりする**自己抑制**は，3～7 歳まで一貫して伸び続けます。このように子どもは自分の行動をコントロール（**自己制御**）することによって，周囲の人にどのように接したらよいかという対人関係のルールを学んでいくのです。

2　発達期待によって異なる自己制御のあらわれ

子どもは自己主張と自己抑制というこの 2 つの自己制御機能を使いながら，集団のなかでの自己のあり方を確認していきます。しかし柏木惠子によれば，

母親が自己主張・実現面と自己抑制面のどちらを子どもに期待するかによって，子どもの自己制御機能の発達は異なるということです。素直で従順なことよりも，はっきり自分の意見を述べることのほうを母親が期待していると，子どもは自己主張・実現的な行動を多くとるようになります。反対に，素直でいつもおとなの言いつけを守ることに重点をおいてしつけをすると，子どもは自己抑制的な行動をより多く示すようになってきます。

また学校で公に使用される教科書には，その特性上，各国・社会のおとなが期待する子ども像が反映されていますが，そこに描かれた自己制御のしかたは，国や社会の発達期待によって異なります（図4-3）。日本や韓国では，困難な状況や自分が気に入らないことがあっても，自分のやり方を自発的に変えて困難な状況を受け入れる自己変容型の主人公の姿が，中国や欧州3カ国の教科書よりも多くみられました。このことからいやなことでも進んで受け入れ，自分を抑制しつつ周囲の人や状況に合わせて自分を変えていくことが，日本や韓国の子どもにはより期待されているといえるでしょう。

以上のように，子どもの自己制御の発達は，年齢が上がるにつれて自然にできるような生まれつき備わっているものではありません。周囲のおとなや社会が，子どもにどのような発達や対人関係を期待するかという**発達期待**や，実際

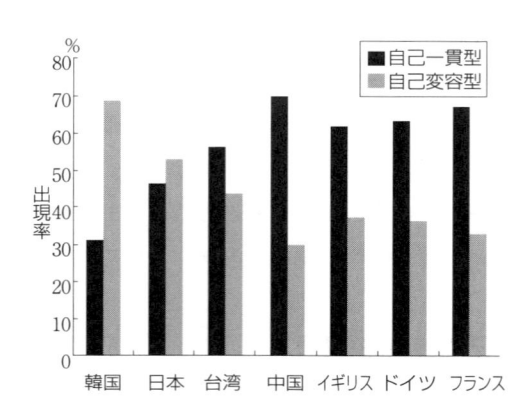

困難な状況や対立する他者に対して，自分のやり方を抑制し，自分自身を変えて問題解決をするか（自己変容型），自分のやり方や意見を貫き通して，状況や他者を変えることで問題解決をするか（自己一貫型）について，各国・社会で使われている小学校1〜3年生の教科書に登場する主人公の行動を比較しました。その結果，文化や社会によって異なる自己が子どもたちに期待されていることがわかりました。また，同じ東アジア圏内であっても，期待される自己に異なる傾向がみられました。

図4-3 教科書の主人公に描かれた期待される自己（塘，2005；塘，2008）

どのような対応をしていくかによって，2つの自己制御機能のうち，どちらがより発達していくかは異なってくるのです。

3　欲求不満耐性

　自分の能力や欲求について理解できるようになると同時に，理想と現実の間でのずれにとまどい，時としてかんしゃくを起こしたり，足をばたばたさせて泣きわめくことがあります。このようにして子どもは，自分の欲求が満たされない欲求不満の状態を，何とか親に訴えようとしているのです。また思うように絵が描けなくて突然パニックを起こしたり，画用紙をびりびりと破ったりする子どももいます。まだ自分の欲求不満をうまく表現できない間は，このようにかんしゃくやパニックを起こすことがありますが，3歳すぎになりことばが発達してくるようになると，かんしゃくを起こすことは少なくなってきます。その代わりに，ことばで自分の怒りを表現することが多くなってくるのです。

　しかし子どもが1人でできることでも，親がすぐに手を貸してしまったり，子どものほしがるものを何でも買い与えるというように，我慢しなくてもよい環境に子どもを置いてしまうと，欲求不満に耐える力（**欲求不満耐性**）は身につきません。その結果，自分の気に入らないことがあると，すぐに暴力によって解決しようとしたり，逆にちょっとでも辛いことがあると，すぐあきらめてしまう子どもになってしまいます。

　最近中学生や高校生が，突然教師や友人をなぐったり，自分の欲求不満をコントロールできずに「キレる」という現象が社会問題となっています。これは幼児期に適度な欲求不満耐性を身につけてこなかったことと関係があるのではないかと注目されています。幼児期において，仲間との間に起こるいざこざやけんかを通して，子どもは社会のルールと自己制御のしかたを学んでいくのです。したがってこの時期，子どもが他者と十分かかわることができる環境を用意することが大切です。それとともに，親や保育者がすぐにいざこざやけんかを解決するのではなく，子ども自身に考えさせ，自分の力で解決策を見つけることができるような，子どもを「見守る保育」をしていくことが重要となります。

コラム6

◆ 外国につながる子どもと保育者 ◆

　近年，保育所や幼稚園において，外国籍の子どもや国際結婚家庭の子ども，そして日本国籍はもっていても親のどちらかが外国籍といったような「外国につながる子ども」の数が多くなっています。「ことばが通じない」「宗教上の理由により給食やおやつを1人だけ特別に用意しなければならない」などの困難さを乗り越えて，1人ひとりの子どもにきめ細かな対応をしている保育者の努力は，並大抵のものではありません。子どもの病気や持ち物の連絡など，日本語と外国語の対応マニュアルを用意している保育所や幼稚園もあります。

　しかし以上にあげたことがらよりも，さらに保育者が困難なこととしてあげるのは，日本とは異なる親の保育観です。「子どもが熱を出したときの処置のしかたが異なる」「はだし保育をどうしても拒否される」「なぜ日本の保育所では子どものけんかをある程度まで黙認しているのかといった文句が出る」など，外国籍の親と日本の保育者との間で，保育に対する考え方が異なり，保育者はそれにとまどってしまいます。またこのように保育観の違いがみられるのは，何も外国籍の親と日本の保育者との間だけではありません。「もっと勉強の要素を取り入れて保育してほしい」「いや，乳幼児期はもっと自由に遊ばせたほうがよい」など，外国籍の親の間でもさまざまな意見が飛び交います。

　「いったいどうしたらよいのでしょうか？」保育者は多様な保育観に接することによって，それまで自分がもっていた保育観を見つめなおす必要に迫られます。そして外国籍の親の保育観に対して，時には強い拒否感を抱きながら，また自分のなかでの葛藤をも繰り返しつつ，外国籍の親とねばり強い話しあいをしていこうと努力するのです。そしてその話しあいのなかから，自分が今まで何気なく行っていた保育を根底で支えている価値観に気づいたり，ほかの日本人の子どもに対する保育のしかたを変えてみたりという，自分自身の保育に対する気づきや変革がはじまります。

　第4章で示したように，文化によって異なる対人関係の違いを頭に入れながら，外国とつながる子どもや親との関係を模索していくことによって，実は保育者自身も彼らのおかげで成長するのです。

（塘　利枝子）

第 5 章

豊かな内的世界

●
情緒の発達

　子どもは実によく笑いますし，よく泣きもします。私たちは子どもから笑顔を向けられると，にっこりと微笑み返してしまうものです。また，子どもの泣き声を耳にすると，どうしたのだろうと，つい気になるものです。
　このように子どもが示す情緒は，子どもの心の状態の表れであると同時に，他者とのかかわりを生み出す，強力なコミュニケーションツールであるといえます。この章では，子どもがまわりのおとなに支えられながら，情緒を介して他者といかにやりとりし，自身の情緒に関する理解を深めていくのかをみていくことにします。

1節 情緒とは何か

　情緒を伴わない経験はほとんどないといえるほど，情緒は私たちにとって身近なものです。しかし，あらためて考えてみると，情緒とはいったい何でしょうか。また，私たちの生活のなかでどのような役割を果たしているのでしょうか。

1　情緒を構成するもの

　人は，どのようなことを手がかりに，自分自身や他者のなかに何らかの情緒が生じていることを知ることができるでしょうか。まず，驚いて心臓がどきどきする，怒りで頭に血がのぼる，などの表現にみられるように，**身体の生理的側面での変化**をあげることができます。また，怒って口をとがらせる，うれしくて跳びあがる，というように，顔の表情や声のトーン，行動を通して情緒が**表出**されることもあります。さらに，喜怒哀楽などのことばで表現される**主観的な感じ**の変化をあげることもできるでしょう。

　このように情緒は，ある出来事に伴って生じた，身体生理的変化，表出行動，主観的情感，という3つの要素から成り立っていると考えられています。なお，私たちにとってなじみの深い**感情**ということばは，心理学では情緒の主観的情感の側面をさす場合に用いられます。また，どのような情緒が生じるのかは，人がある出来事をどのようなものととらえ，解釈するか（これを**認知的評価**と呼びます）によって決まると考えられています。

2　情緒の役割

a　「行動を方向づけるもの」としての情緒

　突然ですが，凶暴そうな犬が前方からいきなり駆けてきたとしましょう。恐れを感じたあなたの視線は，犬に釘づけになることでしょう。それから辺りを見回して，安全そうな場所に急いで逃げるかもしれません。または，逃げるこ

とをあきらめて、防御の構えをとるかもしれません。この例には、私たちの生活のなかで情緒が果たしている役割がよく表れています。

情緒に関する最近の理論では、情緒は、私たちが緊急事態に出会ったときに、その状況下で最も重要そうなことに半ば強制的に私たちの注意や思考を振り分け、とるべき行動に関して合理的な判断を導く役割を果たしていると考えられています。その行動を起こすために身体の状態を瞬時に整えることもまた、情緒の重要な役割であるといえます。

心理学では、行動を開始させ、持続させる過程のことを**動機づけ**と呼びますが、情緒はまさに、この動機づけの過程にかかわっているといえます。うれしいときにはその行動を続け、怒っているときには自分の行動を妨害するものを取り除こうとし、悲しいときには次の行動を起こす意欲が失せてしまう——これらのことはすべて、情緒のなせるわざなのです。

b 「他者の心をのぞく窓」としての情緒

私たちは情緒をおもてに表すことで、自分の心の状態を他者に伝えることができます。また、他者の表情を手がかりに、相手の心の状態や、相手が置かれている状況を知ることができます。このことは、乳児と養育者とのやりとりを思い浮かべてみればすぐにわかるでしょう。まだことばを用いることができない乳児にとって、微笑んだり泣いたりすることは、自分の状態を養育者に伝える最も有効な手段であるといえます。養育者は、乳児の表情や泣き方などを手がかりに、乳児の身体や心の状態を察し、必要と思われる応答を返していきます。乳児と養育者のやりとりは、こうした乳児からの情緒の表出と、養育者による情緒の読みとり、また、その読みとりにもとづく対応の繰り返しによって成り立っているといえます。

以上をまとめると情緒は、私たちがさまざまな他者や物とかかわる際に、自分自身が置かれている状況や他者の心の状態を私たちに教え、とるべき行動を導いてくれる、「シグナル」の役割を果たしているといえます。

2節 乳児期の情緒発達

1 情緒の分化とコミュニケーションの発達

　乳児はどのような種類の情緒をもっているのでしょうか。1930年代にブリッジズは，生後間もない時期にはきわめて単純な情緒，すなわち興奮状態しかないと考えました。そして，生後数週間から2，3カ月の時期に興奮から快と不快が分かれ，次に快から喜びや愛，得意が，不快から怒り，嫌悪，恐れが分かれ，おおよそ2歳ごろに基本的な情緒が出揃うと考えました。

　その後の研究の成果によって，現在では，新生児にも快，不快，興味の少なくとも3つの情緒の状態が認められることがわかっています。また，生後数カ月から6，7カ月ごろまでの間に，基本的な情緒（喜び，怒り，恐れ，悲しみ，驚き）はほぼ出揃うものと考えられるようになりました（図5-1，図5-3）。ここでは，生後6，7カ月ごろまでの間に，基本的な情緒がどのように発達していくのかをみていきます。さらに，その後生じる情緒のやりとりの質的な変化について紹介します。

a 快情緒（微笑みや笑い）の発達

　生後間もない時期の乳児は，うとうととまどろんでいるときに微笑みを示します。この微笑みは，外からの刺激によって引き起こさ

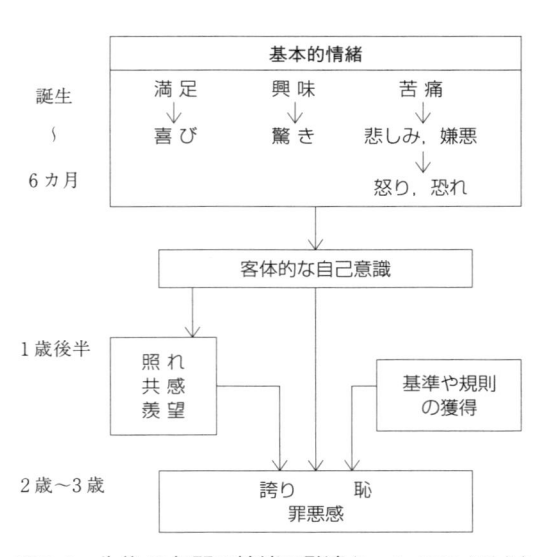

図5-1　生後3年間の情緒の発達（Lewis, 1993を改作）

れるものではなく，乳児の身体の生理的な状態を反映したものであると考えられていることから，**生理的微笑**と呼ばれています。

その後，乳児の微笑みは，だんだんと外的な刺激と結びついて生じるようになります。そのなかでもとりわけ大きな変化としてあげられるのが，**社会的微笑**の出現です（図5-2）。生後2，3カ月になると乳児は，人の顔を見たときにさかんに微笑んだり，心地よさそうな声を出したりするようになります。乳児のこうした微笑みは，赤ちゃんを可愛いと思う気持ちや，赤ちゃんが反応を返してくれるという手応えを養育者に与え，養育者からより積極的なかかわりを引き出すことになります。

図5-2　生後3カ月児の社会的微笑

生後4カ月ごろになると乳児は，声をたてたり大きな口を開けたりして**笑う**ようになります。乳児の最初の笑いは，抱き上げる，くすぐるといった身体刺激や，リズムのある音や声などの聴覚的刺激によって引き起こされることが多いようです。やがて，生後半年をすぎると，物事を予期する能力が芽生えてくることにより，「いない いない ばあ」で顔が現れそうなときや，おとながくすぐる構えをとったときに笑うなど，やりとりそのものを楽しむ反応がみられるようになります。さらに1歳にもなると，母親が哺乳瓶を吸うのを見て笑うなど，物事のおかしさにも気づきはじめます。このように，笑いの理由も知的な発達に伴って複雑になります。

b　不快情緒（泣きやぐずり）の発達

生後間もない時期の泣きは，そのほとんどが生理的変化（空腹や眠気など）にともなう不快や苦痛によるものです。やがて，数カ月のうちに，不快や苦痛から分化した形で怒りや悲しみ，恐れのサインがみられるようになります。

怒りは，自分がやろうとしていることを妨害されたときに生じる情緒です。怒りの明確な表出がみられるのは，生後4カ月ごろといわれています。これは

(a) 喜び（母親にあやされて）

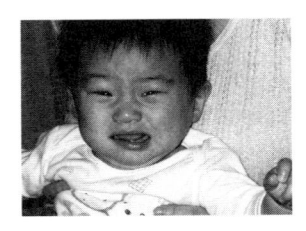

(b) 怒り（身体を押さえられて）

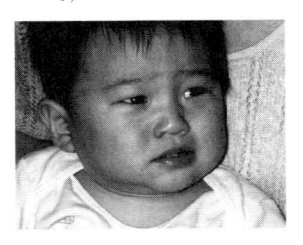

(c) 悲しみ（母親の姿が見えなくなって）

図5-3　乳児（生後7カ月）のいろいろな表情

ちょうど，乳児が手を伸ばして物をつかめるようになる時期にあたります。「あれを手にとりたい」という欲求が出てくるに伴い，それを妨害されたときには怒りが生じるようになるのです。怒りの表し方も，月齢とともに変わります。たとえば，ハイハイができるようになった生後9カ月ごろの乳児は，それまでよりも激しい形で怒りを示すようになります。自力で移動ができるようになった分，「あそこに行きたい」「あれをさわってみたい」といった欲求が強くなるため，それを妨げられたときには，より強い怒りを示すと考えられます。

悲しみは，自分にとって大切なものが失われたときに生じる情緒です。悲しみは生後2，3カ月ごろに，身体的な痛みに伴う苦痛から分化する形で現れると考えられています。この月齢の乳児は，養育者が突然あやすことをやめると，悲しみの表情を示すことが報告されています。悲しみの表情がはっきりとみられるようになるのは，生後6，7カ月ごろであるといわれています。

恐れは，自分に危険や害をもたらす刺激に出会ったときに引き起こされる情緒です。恐れの表出として最も明確なのは，生後6，7カ月ごろからみられる，人見知りや分離不安でしょう。これは，上述した悲しみと同様，養育者との間に明確な愛着が形成されることに伴って現れるもので，乳児は養育者の姿が見えなくなると激しく泣いたり，養育者の後追いをしたりするようになります。また，生後9カ月ごろには，高さに対する恐れがみられることがわかっています（第2章1節も参照）。この時期には，多くの子どもがハイハイで移動できるようになり，転んだり高いところから落ちたりする経験が増え

るため，高さへの恐れが形成されてくるものと考えられます。

c ものを介した情緒のやりとり——表情にこめられた意味を共有する

1歳の誕生日が近づくころ，乳児と養育者の情緒のやりとりには，質的な変化がみられるようになります。

まず，生後10カ月ごろになると乳児は，自分が関心を向けているものを指さし，微笑みを浮かべながら養育者の顔を見る，という行動をとるようになります（第6章2節も参照）。あたかも，「あれを見て。おもしろいよ」と養育者に訴えかけているかのようです。このような乳児の行動に対して養育者は，「そうね，おもしろいね」といった共感のことばや，微笑みを返すことでしょう。このように，同じ物を見て微笑みあうという行動が成り立つのは，乳児が情緒を他者と共有できるということに気づきはじめたからです。

また，1歳ごろになると乳児は，どうすべきか判断がつかないような状況に置かれたときに，自分の行動を選択するための手がかりとして，他者の表情をうかがうようになります。この時期の乳児は，見慣れないおもちゃを目の前に出されたときや，初めての人に会ったときに，母親のほうへ視線を向けます。そのときに母親が怖い顔や不安そうな顔をしていたら，乳児はそのおもちゃや人に近づくことをためらいます。一方，母親が微笑んでいれば，乳児は自らそのおもちゃや人に近寄っていきます。このように乳児は，母親の表情を手がかりとして，自分がかかわろうとしている物や人がどのようなものであるのかを推測し，自らの行動を判断していると考えられます。このような行動は，**社会的参照**と呼ばれており，乳児が他者の表情の意味に気づきはじめたことを表しています（第8章1節も参照）。

2 乳児の情緒を育む養育者のかかわり

a 情緒を読みとる

前項では，喜び，怒り，悲しみ，恐れといった基本的な情緒が出揃うのに，6，7カ月を要すると述べてきました。しかし，実際の乳児と養育者のやりとりをみてみると，養育者は乳児の情緒がそれほど分化していない時期から，乳

児にさまざまな心の動きを読みとっていることがわかります。とくに，生後数カ月の乳児の微笑みや泣きの多くは生理的な状態を反映したものであり，乳児自身は，うれしいとか悲しいといった気持ちは感じていない可能性が高いのです。それでも養育者は，「かまってもらえなくてさびしかったから，泣いたのね」などと，乳児の表情や行動に対して，現実以上の意味を読みとりながらかかわるのです。

　では，養育者のこのようなかかわりにはどのような意味があるのでしょうか。私たちは他者とかかわる際に，相手が「心」，すなわち，さまざまな意図や欲求，情緒をもっていることを前提にかかわります。これは当たり前のことだと思われるかもしれませんが，実は他者とかかわる際のこうした基本的な構えは，「心」の輪郭がまだはっきりとはしていない乳児のうちから「心」をもつ存在として扱われることによって作られていくものなのです。また，養育者のこうしたかかわりは，子どもがやがて自分や他者の心の状態に関する理解（**心の理論**）を築いていくことを促すことになるのではないかと考えられています（第8章1節も参照）。

b　情緒をなぞり，調整する

　乳児のうちは，情緒の産出や調整にかかわる神経系や運動機能が未成熟であるため，情緒の状態を調整するのに他者の手助けを必要とします。ゆえに，乳児期に養育者が果たすべき重要な役割の1つは，乳児の泣きやぐずりをなだめる，すなわち，乳児の情緒が高まっているときに，その状態を調整することであるといえます。

　では，養育者はどのようにして，乳児の情緒の状態を調整するのでしょうか。まず考えられるのは，おっぱいやミルクをあげてみる，おむつが汚れていたら替えるなど，乳児の表情や泣き方，行動などから不快の原因となっていることを探り，それを取り除くことです。

　しかし，不快の原因について見当がつかないこともあれば，原因らしきものを取り除いてもまだ，泣きやぐずりがおさまらないこともあります。このようなときに無意識のうちに養育者がとる行動の1つに，乳児が表出している情緒

をなぞる（**情動調律**）というものがあります。これは，声の大きさや高さ，身体の動きなどを用いて乳児の情緒の状態を映し出し，乳児が経験しているであろう情緒の波に合わせたり，情緒の波をあるべき方向へと導いたりすることをさします。たとえば，乳児が泣いているときに養育者は，乳児を抱っこし，初めのうちこそ泣きの激しさに合わせて身体を大きく揺すったり声をかけたりするものの，だんだんと穏やかな調子で声をかけ，静かに身体を揺すったり背中を優しく叩いたりしながら，乳児を落ち着かせようとします。このように情緒をなぞってもらうことで乳児は，高まった情緒を静めてもらうと同時に，自身に生じている情緒がどのようなものであるのかをわかっていくのです。

やりとりのなかで情緒を適切にコントロールしてもらう経験を積んだ乳児は，安心してさまざまな情緒を経験し，外に表すことができるようになります。そして，幼児期になると子どもは，この時期の経験を土台として，だんだんと自分の力で情緒の状態を調整できるようになっていきます。

3節　幼児期の情緒発達

1歳半ごろになると，物事をイメージする力（表象能力）が豊かに育ってきます。このことは，子どもの情緒の世界に大きな変化をもたらします。たとえば，想像力が発達することにより，大きな音や高い所といった物理的刺激ばかりでなく，お化けなど想像上の産物も恐れるようになります（表5-1参照）。

1　自己意識的な情緒の発達

1歳半ごろに生じる自己意識の高まり（第4章2節も参照）は，自分が他者の目にどう映っているのか，他者から何を期待されているのかを，子どもに意識させることになります。このような変化に伴って，照れや共感，罪悪感，恥，誇りといった情緒が芽生えてきます。これらは他者の目を意識することによって生じる情緒であることから，ルイスはこれらをまとめて，**自己意識的な情緒**

表5-1　ある女児の感情に関する発話　(坂上の保育記録より)

年齢	子どもの発話　(「　」内カタカナが，子どもの発話)
2歳3カ月	頭上で音がしたのを聞いて。「オバケコワイ。コトコトオトガシタ」
2歳4カ月	トイレに座っているのをいやがり，トイレから降りようとして。 「もうおしまいなの？」「ヤダー，ダッテ，ハズカシインダモン」
2歳8カ月	折り紙しているところを，手出しされそうになって。 「ユーチャン，ジブンデヤルノ。モウ，オコッチャウカラ」
3歳2カ月	友だちとけんかをした数時間後。突然，泣き真似をはじめて。 「どうしたの？」「マアクンニ，ガブッテサレタノ」 「ゆーちゃん，それでどうしたの？」「ヤメテヨー，ッテイッタノ」
3歳10カ月	歯医者さんごっこをしているとき，歯医者さんの役をしながら。 「イタイノガマンシナイト，ヨクナラナイカラネ」

と呼びました (図5-1)。

　このうち初めに現れるのは，照れと共感です。1歳後半の子どもは，鏡に映った自分の姿を見てとまどった顔をすることがあります。また，自分の洋服やしぐさをほめられると，顔を背けながらも時々ほほえみ返す，という行動をとります。これは，**照れ**の表れであると考えられています。また，この時期の子どもは，痛がったり泣いたりしている人を見ると，慰めたり，助けようとしたりします。これは，**共感**の表れです。

　2歳ごろになると子どもは，社会的な規則や基準，すなわち，してよいことと，すべきではないことの区別を理解しはじめます。このような理解に伴って，罪悪感や恥，誇りが生じるようになります。この時期の子どもは，お茶をこぼしてしまったときに自らそれを拭こうとしたり，ごめんなさい，と頭を下げたりします。これは，**罪悪感**（すべきではないことをしてしまった，何とかしなくては，という感情）の表れであると考えられています。また，叱られたときやトイレで失敗をしたときに隠れようとすることがあります。これは，**恥**（すべきではないことをしてしまった，消えてしまいたい，という感情）の表れであると考えられています。さらに，競争に勝ったときや自分の行為をほめられたときに，ばんざいをしたりガッツポーズをとったりすることもあります。これは，**誇り**の表れであるといえます。

第5章 ◆ 豊かな内的世界

エムディは、これらの情緒が子どもの道徳性の発達に深く関係していると考えています。子どもは、まわりのおとな（とくに養育者）との数多くのやりとりを通して、何をすべきで、何をすべきでないのかを理解していきます。エムディによれば、このような善悪の理解とほめられるうれしさとが結びつくことによって誇りが、また、叱られることに伴う心地の悪さや心の痛みとが結びつくことによって罪悪感や恥が生じるようになるといいます。社会的な規則や基準が子どもの心のなかに取り入れられ、これらの情緒が生じるようになると、自分の行動をほめてくれたり叱ったりするおとながその時その場にいなくても、自らの行動の適否を判断し、選択できるようになっていくのです。

2 感情をことばで表現する

イメージする能力の発達とともに自分の心の状態を外側から眺められるようになり、ことばの面でも顕著な発達が生じる1歳後半ごろになると、子どもはことばを用いて自分の感情を表現しはじめます。ウェルマンらの研究によれば、2歳ごろまでには子どもは、自分や身近な他者に関して、基本的な感情や身体の状態をことばで表すようになります。また、その時その場の感情経験についてだけでなく、ふり遊びのなかで感情について触れたり、過去に自分が経験した感情について話したりするようにもなります。さらに3歳ごろには、自分がなぜそのような感情になったのか、その原因についても語りうるようになります。表5-1は、筆者が保育をしていたある女児の感情に関する発話をまとめたものです。年齢とともに、感情についての語りがより洗練されていっていることがおわかりいただけると思います。

では、感情をことばで表現できるようになることには、どのような意味があるのでしょうか。

1つは、ことばを用いて他者と感情を共有できるようになります。乳児のときは、身体的な表現を用いて他者に自身の情緒の状態を伝えていましたが、今度はそれに、ことばという道具が新たに加わるのです。ことばを使えば、泣いたり地団駄を踏んだりするなどの表現に訴えずとも、感情を伝えることができ

ます。年少の子どもはかんしゃくをよく起こしますが，その理由の1つは，自分の感情や欲求をことばでうまく伝えられないことにあります。

2つめに，情緒そのものに関する理解が深まります。とくに，感情について他者と会話をすることを通して，子どもはさまざまな情緒の原因や，情緒がもたらす結果，情緒を調整する方法，他者の情緒などについて，多くのことを学び，理解していきます。

3つめに，感情をことばで表すということは，情緒を調整することと深い関連があります。2歳のある男の子は，年上の子におもちゃをとられそうになったときに，「僕は強いんだ。泣かないぞ」とつぶやきながら，片方の手で母親の服を握り，もう片方の手で必死におもちゃを引っ張って抵抗したそうです。この子は，泣きたい気持ちを抑えるための道具として，ことばを使ったのでしょう。おとなでも，感情をことばで表すことで，高ぶっていた気持ちが落ち着くことがあるように，ことばで感情を表現することには，情緒の激しい波からいったん自分自身を切り離し，自分の感情を客観的に見つめさせる，という役割があるのです。

3　幼児の情緒を育む周囲のかかわり

幼児期になると，子どもの生活の場は保育所や幼稚園など家庭の外に広がります。そこで子どもは，保育者の働きかけに支えられながら，仲間とのやりとりを通して育っていくことになります。仲間同士のやりとりのなかでは，遊びの楽しさが共有される一方で，物の取りあいや遊びのイメージの食い違いなど，さまざまな理由からいざこざが生じ，不快な情緒も経験されます（第7章2節も参照）。このような時期の子どもに対して，親や保育者はどのようにかかわればよいのでしょうか。

a　自己意識的情緒を支える

ある男の子が，友だちが遊んでいたおもちゃを自分も使いたくなりました。「貸して」とそのおもちゃに手を伸ばしたところ，相手に「いや」と言われ，叩いてしまいました。叩かれた相手は，泣き出してしまいました。このような

やりとりは，2，3歳児の間ではよくみられるものです。叩かれて泣いている子どもへの対応も必要ですが，ここでは叩いてしまった子どもへの対応として，次の2つの例を考えてみましょう。

　A「何やっているの！　謝りなさい」
　B「おもちゃを貸してもらえなかったのがくやしくて叩いてしまったのね。でも○○くん，泣いているね。どうしたらいい？」「貸して，って初めにことばでお願いできたのは偉かったね。謝ってから，もう一度，貸してってお願いしてみようか？」

　Aのように頭ごなしに叱られてしまうと，子どもは何を叱られたのかをよく理解できないまま，自分の意思ではなくおとなの指示で，形だけ謝ることになってしまいます。いっぽう，Bのように自分の気持ちを受けとめてもらったうえで，何がいけなかったのか，それによって相手がどうなったのか，どうすれば自分がやってしまったことを償えるのかを一緒に考えてもらえれば，やがては，自分自身の力で物事のよしあしや償い方を判断できるようになっていきます。また，おとながその場を丸くおさめてしまうのではなく，子ども自身がその場を解決するための機会を作ることも，大切なことだといえるでしょう。自分の感情に折りあいをつけ，その場を解決することができた，という経験は，子どもにとって大きな自信になるからです。子どもの罪悪感や誇りに訴えながら，子どもが自らの判断で行動できるように，まわりのおとなは子どもを支え，導いていきたいものです（コラム7参照）。

　b　感情の表現を助ける

　幼児の場合，ことばで感情を表現できるといっても，それほど巧みに感情を表現できるわけではありません。そのため子ども同士では，お互いの思いが伝わらずトラブルになることが少なからずあります。また，子どものなかには，表現のしかたがじょうずではない子（たとえば怒るとすぐに手が出てしまう子）や，感情を表すことを過度に抑えてしまう子もいます。このような場合，おとなが子どもの感情を代弁し，お互いの思いを伝えることを助けたり，感情の原因や対処の方法をことばにしながら一緒に考えたりすることが必要です。そう

したおとなの支えがあることによって，子どもは感情の表し方や伝え方を身につけていくだけではなく，相手の感情や自分自身の感情についての理解を深め，さまざまな感情に向き合えるようになると考えられます。

4節　情緒の社会化

　情緒を経験したり，表出したりすることそれ自体は，けっして悪いことではありません。しかし，情緒に伴って引き起こされる行動のなかには，社会的に好ましくないものがあったり，他者に不快を与えるような表出のしかたがあったりします。したがって，他者と気持ちよくすごしていくためには，情緒が社会化されていく必要があります。とくに幼児期は，自分が所属している社会や文化のなかで望ましいとされる情緒の表出のしかたや調整のしかたを学び，身につけていく時期にあたります（コラム10参照）。

　これまでの研究では，3，4歳にもなると，状況や相手に応じて情緒の表し方を調節しはじめることがわかっています。サーニの研究によれば，もらってもうれしくないプレゼントを受け取ったときに，3歳児でも，相手にがっかりした顔を見せないように，表情を隠すそうです。また，このころには，情緒の調整もうまくできるようになってきます。たとえば，泣いたりかんしゃくを起こしたりせずにことばで気持ちを伝えることや，心のなかで気晴らしを図る（楽しいことを考えるなど）ことができるようになってきます。

　これらの変化には，子どもの認知能力の成熟に加え，まわりの人が子どもの感情をどう扱うかが大きく関係しています。子どもはまわりの人から，情緒の表出のしかたや調整のしかたを，直接的にも間接的にも学んでいきます。たとえば，人の失敗を笑ってはいけない，欲しいものがあるときには泣いて訴えるのではなくことばで伝える，などは，まわりのおとなから直接言われて学ぶようなことです。

　また，いくつかの研究では，笑いが絶えない家の子どもは普段笑顔でいるこ

とが多い一方で，けんかが絶えない家の子どもは，他者の怒りに敏感だったり，他者の怒りを目の前にすると混乱してしまったりすることが示されています。これらの研究結果は，子どもが周囲の人を観察することを通して，情緒の表出や調整のしかたを間接的にも学んでいることを示しています。

　情緒は，人と人との間で育まれ，人と人との間にあってこそ活かされるものです。子どもにかかわる私たちに求められていることは，子どもが豊かな情緒を経験し，それを身近な他者と分かちあえるよう，また，自らの情緒を他者とのかかわりのなかで調整できるよう，支援することだといえるのではないでしょうか。

コラム7

◆「2歳」という複雑な年ごろ ◆

　栞ちゃんが2歳8カ月のときのことです。栞ちゃんは，食べ物の入ったタッパーを振り回して遊んでいました。お母さんもおばあさんも，「やめなさい」と注意したのですが，栞ちゃんは無視して遊び続けました。すると，何かの拍子でタッパーのふたがあき，中身がこぼれてしまいました。それを見たお母さんは，「謝りなさい」と言ったのですが，栞ちゃんは「いやだ！」と言ってききません。「謝りなさい」「いやだ！」と，こんなやりとりが続くこと数回。栞ちゃんはお母さんのことをじっと睨みます。おばあさんが，「いい子だから謝るよね」と優しくなだめても，そっぽを向いています。お母さんは，「栞が悪いのよ。謝るまでもう知りません」と，栞ちゃんのことを放っておきました。

　それから20分ほどたったころです。ずっと背を向けて遊んでいた栞ちゃんが，お母さんのところにそっと近寄り，小声で「ごめんなさい」とささやきました。それを聞いたお母さんは，栞ちゃんを抱きしめてあげました。そして，「わかった？　いい子ね」と言い，おばあさんにも謝るよう，促しました。栞ちゃんは，おばあさんにも素直に謝りました。おばあさんに「ああ，いい子だねぇ」とほめられると，栞ちゃんはもう一度お母さんの方を向いて，さっきよりももっと大きな声で，「ごめんなさい。ごめんなさーい」と言いました。

　その後，栞ちゃんはどうしたと思いますか？「栞，ごめんなさいって言ったの。いい子なの。いい子なのー」と，1人でつぶやいていたそうです。

　このエピソードには，2歳児らしい複雑な心の動きがよく表れています。自分の思うとおりにいかなくて頑固になる。叱られて，怒ったりすねたりする。でも大好きなお母さんに叱られたのはつらい。何とかしなくてはと思う。謝ったことをほめられ，うれしく誇らしい気持ちになる。このような複雑な気持ちに突き動かされて行動するのが，この時期の子どもの特徴だといえるでしょう。

　謝らない栞ちゃんに対しては譲らず毅然とふるまい，一方で謝った栞ちゃんをうれしく思い，優しく受け入れてあげる——そうしたお母さんの態度も立派だと思います。栞ちゃんがこのように複雑で繊細な心の動きを見せたのも，栞ちゃんとお母さんの間にしっかりとした心の絆があったからなのでしょう。

（坂上裕子）

第 6 章

ことばとコミュニケーションの発達

 ある4歳の女の子が言いました。「私、エイゴがしゃべれるのよ。★◇＊★¢§（メチャクチャしゃべりで、何を言っているかわからない）」「……」「コンニチワって言ったの。そういうふうに思いながら、こういうふうに（またやって見せる）お口を動かしたら、エイゴなの」。
 ここで注目したいのは、何がエイゴかではありません。伝えたいことを考えながら口を動かせば、それがことばになって相手に伝わる、4歳児のことばに対するそんな信念です。彼女にとってすでにことばは、思ったことを、たいして苦労もせず表現できる、使い慣れた道具になっていたのです。けれど、そこにたどりつくまでの道筋とは、どのようなものだったのでしょうか。

1節　音声発達

1　ことばを聴く力の発達

　デキャスパーとファイファーは，生まれたばかりの子どもが，ほかの女性の声よりは母親の声を聴きたがることを見いだしました。また，ムーンたちは，生まれたばかりの子どもは，外国語より母語を聴きたがることを示しました。このようなことから，子どもは胎内にいるときから母親の声や話すことばになじんでいることがわかります。しかし，母親の胎内で羊水につかっている胎児に届く音とは，私たちがふだん耳にしているような明瞭なものではありません（プールにもぐって遠くで話す人の声に耳を傾けることを考えてみてください）。胎児が聴いているのは，おそらくは，言語のリズム的側面です。生まれたばかりの子どもが外国語と母語を聴き分けていることを見いだした上の研究でも，リズムがかなり異なる言語のあいだで比較をしているので，子どもは胎内でなじんだリズムはどちらなのかがわかったのだと考えられます。

　このように，まずは言語のリズム的側面から，ということであっても，子どものことばの学習は胎内にいたときから始まっています。そして，子どもは生まれた後，ナマのことばを耳にするうちに，母語にはどのような音が含まれているのか（そしてどのような音は含まれていないのか）も理解していきます。たとえば，ナズィらは，5カ月になればアメリカで育つ乳児は，アメリカ英語とイギリス英語の区別ができるようになっていることを見いだしました。また，日本語はLとRの音を区別しないので，日本人はLとRの区別ができないといわれますが，生後半年くらいのときには，日本の子どももアメリカの子どもと同じくらいよくこの2つの音を聴き分けるのです。しかし，クールたちは，1歳の誕生日に向けて，アメリカの子どもはますますこれらの音素をよく聴き分けられるようになり，日本の子どもはこのような音の区別に敏感でなくなっていくことを見いだしました。このように，生後1年のあいだに，母語で区別

第6章 ◆ ことばとコミュニケーションの発達

する音は確実に聴き分けられるようになり，母語で区別しない音の違いにはあまり敏感でなくなっていくのです。

また，話すことができるようになるためには，自分の母語にはどのような単語があるのかを，周囲の発話から聴き取らなければなりません。けれども，おとなは単語ごとに区切って話しかけてくれるわけではありません。子どもは自分で，連続的な発話のなかにどのような単語が含まれているのかを見つけださなければならないのです。

ところで，日本語では多くのおとなが，"アンヨ""クック""ブーブ"などの**幼児語**で子どもに話しかけます。これらの単語はその最初の音を，"クッ"のようにつまらせたり，"ブー"のように伸ばしたりして，強調する形になっています。実は，このように最初の音が強調された，つまり，単語の始まりがどこであるかがわかりやすい単語は，子どもにとって聴き取りやすいものであるようです。

林安紀子らが，9カ月の子どもに，"パッタ"のような，幼児語的なリズムを持つ単語が含まれた文章を聞かせ，その後，"パッタ"という単語の繰り返しと，"パルタ"のような音の繰り返しを聞かせたところ，子どもは前者のほうをより長く聴きました。おそらく，"パッタ"という音のかたまりは最初に聞かされた文章のなかにも含まれていたということに気づいたのです。一方，最初に聞かせる文章のなかに，"パルタ"のような，幼児語的でない単語が，含まれていた場合には，その後で，"パルタ"という単語の繰り返しと"パッタ"という単語の繰り返しを聞かされても，子どもは，どちらか一方をより聴きたがるということはありませ

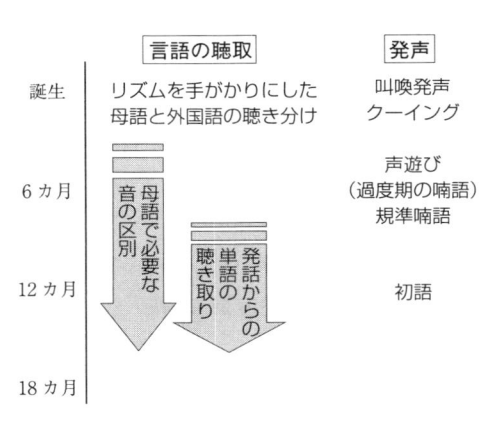

	言語の聴取	発声
誕生	リズムを手がかりにした母語と外国語の聴き分け	叫喚発声 クーイング
6カ月	母語で必要な音の区別	声遊び （過度期の喃語） 規準喃語
12カ月	発話からの単語の聴き取り	初語
18カ月		

図 6-1　言語の聴き分けと発声の発達

んでした。このようなところから，最初の音を伸ばしたりつまらせたりして強調した幼児語の形は，まだことばを話すことのできない乳児にとっても，聴き取ることの容易なことばなのだと考えられます。長い歴史のなかでおとなたちは，子どもに話しかけるために，子どもがよく注意を向けてくれるような形のことばを幼児語として作り出してきたということなのかもしれません。

2 ことばを発するまで

乳児の出す声といえば，全身から絞り出すようなあの産声(うぶごえ)を思い浮かべる人も少なくないでしょう。実際，生まれてからしばらくのあいだ，子どもの出す声といえば，あのような叫び声（**叫喚発声**(きょうかん)）ばかりです。けれど，生後2カ月になると，のどの奥をならすような音声（**クーイング**）も出せるようになり，生後4〜6カ月の時期には，実にさまざまな音声を出すことができるようになります。そのバラエティーに富んでいることといったら，この時期の子どもは，世界のあらゆる言語に含まれるあらゆる音声を出すことができるといわれるほどです。それで，この時期は**声遊びの時期**と呼ばれます。

もっとも，ことばを話すためには，単発でいろいろな音声が出せるというだけでは，十分ではありません。たとえば，この直前の文を声に出して読み，そのときの自分の口の動きに意識を集中してみてください。ことばを話すとき，私たちは，非常な速さで，次々と違う音をつらねていきます。ことばを話すためには，このようなことができなければならないのです。その意味で，「ダアダア」のような「子音+母音」音声の繰り返し（**規準喃語**）が言えるようになれば，ことばはもうすぐそこです。

実をいうと，規準喃語が出せるようになるより少し前に子どもは，「アーアー」のような母音の繰り返しは出せるようになっています。こちらは正式な喃語とは区別して**過渡期の喃語**と呼びます。なぜこのような区別をするのかといえば，正式な喃語は，発声のしかたそのものをコントロールしなければ出せないものですが，過渡期の喃語は，「アー」と言いながら身体を揺すれば出せないこともないからです。実際，過渡期の喃語を発しているときの子どもの様子

をみてみると，声を出しながら手足をバタバタさせていることが少なくありません。ところが，いったん規準喃語が出ると，子どもは，声を出しながら同時に手足を動かす，といったことをほとんどしなくなることを，江尻桂子は見いだしています。まるで，のどや口だけで発声をうまくコントロールできるようになったから，もう手で調子をとらなくてもいい，ということのようです。こうして最初の誕生日を迎えるころ，子どもは最初のことば（**初語**）を発するのです。

2節 ことばの前のコミュニケーション

1 ことばの前のやりとり

テレビを見せっぱなしにしていたのでは，子どもはことばを話すようにはなりません。子どもがことばを学んでいくうえで，実際におとなから話しかけてもらうのは大切なことです。けれど，子どもは，おとなに話しかけてもらうのを待っているだけではありません。おとなをやりとりに引き込み，楽しませてしまうようなしくみを備えているのです。

たとえば，正高信男は，子どものミルクの飲み方とは，飲んでは休み，また飲んでは休む，といったものであることを見いだしています。ミルクを飲んでいる状態とは無防備ですから，自然界での生き残りを考えるのなら，休んでなどいないで一気に飲んでしまうのがよいに決まっています。実際，チンパンジーの子どもはそうします。ところが人間の子どもはチンパンジーとは違うのです。そして，子どもが休むと，おとなのほうはもっとミルクを飲んでほしくて，揺すぶったり，話しかけたりし，おとながそのような働きかけをやめると，子どもはまたミルクを飲みはじめます。このように，ミルクを飲む途中で子どもが休んでしまうことをきっかけにして，子どもとおとなのあいだでは，「子どもがミルクを飲んでやめる→おとなが働きかけをしてやめる→子どもがミルクを飲んでやめる……」というやりとりがはじまります（第3章1節参照）。自分の番がきたら相手に働きかけ，それが終わったら相手の働きかけを待つ，

というのは、まさに、私たちが人と会話するときにやっていることです。会話のようなやりとりは、ミルクを飲み、飲ませる関係のなかで、もうはじまっているのです。

もっとも、おとなが子どもに話しかけるのは、子どもがミルクを飲んでいるときばかりではありません。私たちが、まだことばのわからない子どもを相手に、いつまでも話しかけていたり、あやし続けたりしてしまうのは、子どもが、私たちの働きかけに応えてくれているからであるようです。

おとな同士で会話をするときも私たちは、自分の話に相手がどのくらい興味をもってくれているかを、相手の身体の動きなどでチェックしながら話を続けています。相手が絶妙のタイミングでうなずいてくれれば話にいっそう力が入りますが、とんでもないタイミングで身体を揺すったり足を組み替えたりされると、気持ちがそがれてしまいます。コンドンとサンダーは、乳児も話しかけられているとき、そのことばにタイミングを合わせて身体を動かしていること（**同期行動**）を見いだしました。このように、乳児でもこちらの働きかけに絶妙のタイミングで応えてくれているからこそ、おとなは、飽きもせず、乳児の相手をしてしまうのでしょう。

ところで、おとなは乳児に話しかけるとき、高めの声、おおげさな抑揚で話す傾向があるようです。このような話しかけ方は、**マザリーズ**と呼ばれ、さまざまな文化でみることができます。ファーナルドは、乳児も、マザリーズで話しかけられたときのほうが、おとなに話すような調子で話しかけられたときより、よく注意を向けてくれることを見いだしました。つまり、おとなのほうで、乳児がよく応えてくれる話しかけ方を工夫するうち、どの文化でも、乳児に対してはあのような話しかけ方をするようになった、ということなのかもしれません。

このように、乳児の側は相手をやりとりに引き込んでしまうしくみを備えており、おとなの側も乳児がのってきやすい話しかけ方を工夫し、そうすることで乳児と周囲の人たちとの間のやりとりは育っていくのです。

2 注意の共有

相手が注意を向けている対象に自分も注意を向けること，つまり，互いの注意を重ね合わせることを**共同注意**といいます。このように，相手がどこに注意を向けているかを気にしながら，一緒に対象を見る，ということをやっているとき，子どもはまさに，相手と自分と対象物という3つの要素をつなぐ関係を成立させているので，これを**三項関係**と呼ぶこともあります（図6-2）。

共同注意（三項関係）を成立させることができるということは，ことばを学ぶうえでも大切なことです。というのも，たとえば相手が「イヌ」と言ったとき，相手は何に注意を向けてそのことばを言ったのかがわかれば，その"イヌ"がその生き物と関係したことばなのだということがわかるからです。

それでは，相手が何に注意を向けているかは，どのようにすればわかるのでしょう。たいていの場合は，相手の視線が大きな手がかりになります。実際に子どもも早い時期から，相手の視線には敏感です。

たとえば，バタワースとジャレットは，6カ月くらいの子どもでも，それまで向きあって目を合わせていた相手が，たとえば棚の上のお皿に目をうつしたりすれば，つられるようにして同じ方向を見てしまうことを見いだしています。もっとも，この時期の子どもは，右や左なら相手の視線を追いかけることができますが，相手の注意が自分のうしろに向けられたとき，首をまわしてまでそちらを見るようなことは，ほとんどしません。ですから，6カ月児が相手の視線を追うのは，相手が何に注意をうつしたのか知りたくてそうしているというより，反射的にやっているといったほうが正しいのかもしれません。それでも，つい相手の視線を追ってしまう，このようなしくみを土台にすればこそ，やがて，相手が何かことばを発したら，その意味を知るべく相手の視線を追ってみるといったことも，できるようになるのでしょう。

お互いの注意を重ね合わせる努力ということでは，おとなのほうも負けてはいません。7カ月の子どもとその母親とのやりとりを観察したハリスたちは，母親は子どもが注意を向けているものを話題にすることを見いだしました。たとえば，ちょうど子どもがうさぎのぬいぐるみを見ていれば，「うさぎさんだ」

```
        対象
        ／＼
       ／  ＼
      ／    ＼
   子ども ←―→ おとな
       （注意の共有）
```

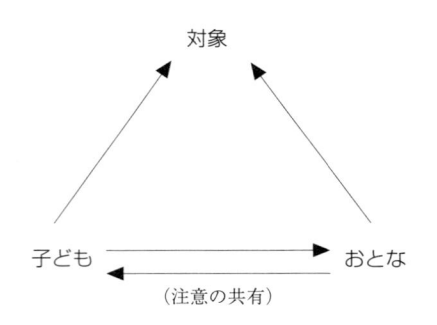

図 6-2　共同注意（三項関係）の成立

と話しかける，といったぐあいです。

　もちろん，子どもが注意を向けている対象を探し出しそれについて話しかけるなどと，まわりくどいことをしなくても，もっとストレートな方法がある，と考えた人もいるかもしれません。たとえば，おとなの側から，うさぎのぬいぐるみを**指さし**，「うさぎ」と言えばよいのではないでしょうか。けれども，指さしを理解するということも，それほど簡単なことではないのです。

　1歳の誕生日が近づくと，子どもも自分から指さしをするようになります。しかし，それで，ほかの人の指さしもわかるようになったかといえば，そうでもなく，せっかく指さしをしたのに，指さされた方向でなく，突き出された指先をまじまじと見ていた，といったことは珍しくありません。

　なぜ自分では指さしできるのに，ほかの人の指さしは理解できなかったりするのかといえば，自分でする指さしは"自分のための指さし"だからなのかもしれません。おとなでも，意外なものを見つけて思わず「あっ」と言いながらそちらに指を向けてしまうことがありますが，この"自分のための指さし"では，自分がその対象に注目すれば十分です。それに対して，相手の指さしを理解するには，相手はそのような指の形を見せたくてそうしているのではなく，指を使って別のものを示そうとしているのだということが理解できなければなりません。つまり，相手の指さしに正しく応じることができるためには，共同注意を成立させることができるだけでなく，指さしの機能についても理解する必要があります。そして，指によって別のものを指し示すといった指示関係は，"リンゴ"のような音声で別のもの（実物のりんご）を指示する，ことばの働きとまさに同じものなのです。

3節 ことばの発達

1 語彙の獲得

　子どもが1歳の誕生日を迎えるころ，最初のことば（**初語**）が出てきます。たいていは，それ以前から出ていた音声（"マンマ"など）が，何か特定のもの——身近な人のことだったり，食べ物のことだったりする場合が多いようですが——と結びついて，ことばになるようです。もっとも，ことばが出たといっても，子どもは初めから立派な文を話すわけではありません。この時期の発話は1つの単語だけといったもの（**一語発話**）ばかりで，子どもはたとえば「マンマ」の1語で，食べ物のことばかりか，「食べ物がほしい」「あそこで食べ物を食べた」など，さまざまな内容を表現しようとします。

　語をどんな対象に対して使うかという点でも，この時期の子どもは独特です。たとえば，岡本夏木は，ある子どもが，白い犬のぬいぐるみを見て「ニャンニャン」と言った後，この"ニャンニャン"を，犬だけでなく猫や熊，牛，さらには，白い毛糸や白い壁，黒い毛のふさにまで，ひろげて使うようになったことを観察しています（図6-3）。そうかと思えば，別の子どもは，家の窓から見た自動車にしか「ブーブ」と言わなかったといいます。おとなの基準からすれば，"ニャンニャン"はひろげすぎ（**過拡張**），"ブーブ"は限定しすぎ（**過限定**）です。どうして子どもはこのような語の使い方をするのでしょうか。

　過拡張については，子どもが使うことができる語彙はまだ少ないのに，それでもってたくさんのことを表現しようとするために起こる，と説明できそうです。しかし，同じ時期に過限定も起こっているところをみると，むしろ子どもは，語をどこまでひろげて使ってよいものなのかがまだよくわからず，あれこれ試しているということなのでしょう。

　そのように考えて，上の"ニャンニャン"の使われ方（図6-3）を見なおしてみると，動物，白い色，ふわふわした感じ，のように，子どもがどのような

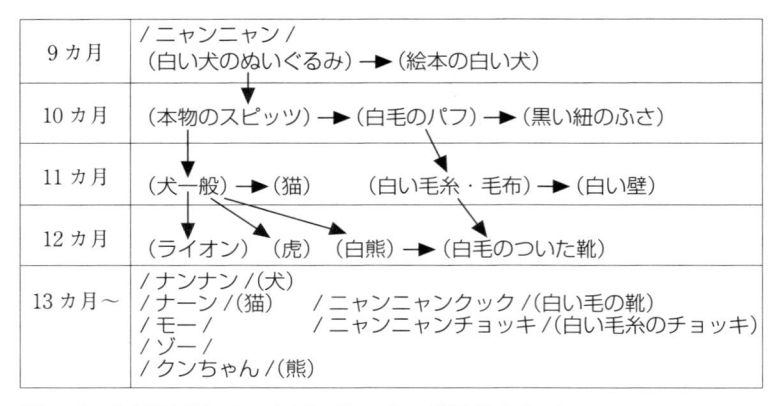

9ヵ月	/ニャンニャン/ （白い犬のぬいぐるみ）→（絵本の白い犬）
10ヵ月	（本物のスピッツ）→（白毛のパフ）→（黒い紐のふさ）
11ヵ月	（犬一般）→（猫）　（白い毛糸・毛布）→（白い壁）
12ヵ月	（ライオン）（虎）（白熊）→（白毛のついた靴）
13ヵ月～	/ナンナン/（犬） /ナーン/（猫）　/ニャンニャンクック/（白い毛の靴） /モー/　　　　/ニャンニャンチョッキ/（白い毛糸のチョッキ） /ゾー/ /クンちゃん/（熊）

図 6-3　ある子どものことばの使い方の発達的変化（岡本，1982 より作成）

基準で語を使っていたのかは，わかるような気がします。裏を返せば，対象を指さして「これは○○」と言われたとしても，この○○がどんな意味をもつのかについては，これだけさまざまな可能性があったということです。対象を指さして「これは○○」と言われたら，「○○はその対象の名前だ」とおとなが思うとすれば，それはむしろ，この時期に上のような試行錯誤をして，そのようなことを学んだ結果なのかもしれません。

　実際，子どもの語彙獲得は，この試行錯誤を反映してか，初語が出てからしばらくの間は，月に5語程度の非常にゆっくりとしたペースでしか進みません。ところが1歳も後半になり50～100語を獲得したあたりから，語彙獲得は，月に30～60語といった爆発的な勢いに変わります（**語彙爆発**）。こうなると，子どもは「コレ？」と指さしして自分からどんどんことばを聞いてきます。また，そうやって覚えた語はすぐに，そしてかなり正確に使っていくようになり，過拡張や過限定はほとんどみられません。おそらく，その前の試行錯誤のなかで子どもはことばの使い方を学び，コツをつかんだからこそ，うまく，すばやくことばを学習していくことができるようになるのです。

2 単語から文へ

このようにして語彙が爆発的な勢いで増えはじめると,「ママ　アッチ」のように単語と単語をつなげた発話（**二語発話**）も出てきて,やがては3つ以上の単語をつなげた発話（**多語発話**）も出てきます。単語をつなげて発話するさい,初めのうちは「バス　イタ」のように助詞が抜けた**電文体発話**（電報体発話）が多くみられますが,そのうちに「パパ　ノ　ボウシ」のように必要なところでは助詞は省略されなくなります。このとき,おもしろいことに,子どもは,「アカイ　ノ　ハナ」のように,おとなが言ったはずのないことを言ったりします。このようなことを言った子どもの発話記録を横山正幸が調べてみると,この子どもは初め,「アカイ　ハナ」のように正しく言えていたのに,「ボク　ノ　ボウシ」のような言い方を覚えた後,「アカイ　ノ　ハナ」という発言をするようになっていました。どうやら,「アカイ　ノ　ハナ」は,名詞と名詞を助詞"ノ"でつなぐルールに気づいた子どもが,本来そのようなルールを使わないところにまで同じルールをひろげて使った結果だったようです。このようなことをみても,子どもは,おとなの言ったことをそのまま丸暗記しておしゃべりしているわけではなく,語と語はどのようにつなげればよいのかについて,自分なりに仮説を立てながら,ことばを学んでいっていることがわかります。

こうして,3歳になるまでに子どもは,より複雑な構造の文も話せるようになり,会話の相手として申し分のない,立派なことばの使い手になるのです。

3 ことばの機能の発達的変化

ここまでみてきたように,子どもは周囲の人とのコミュニケーションを通じてことばを身につけていきます。しかし,ことばは,コミュニケーションの道具というだけでなく,考えたりするときの道具にもなっています。ヴィゴツキーは,コミュニケーションの道具としての言語を**外言**,思考の手段としての（声には出さずに使われる）言語を**内言**と呼んで区別しました。つまり,コミュニケーションのための言語は,外に表現することが必須であるために外言,思考のための言語は,声には出さずに頭のなかで使われるので内言,というわけで

す。発達的には，最初にコミュニケーションの道具（外言）として獲得されたことばがやがて，黙ったままの状態で思考のために使われる（内言）ようになると考えました。そして，幼児期の子どもが，集団のなかにいて，ほかの誰に向けたのでもない発話（**集団的独語**）をするのは，まずコミュニケーションのための道具として獲得されたことばが，機能的には思考の道具としても使われ始めているが，完全に黙って用いることができない過渡期の状態なのだと考えました。

　さらに，ヴィゴツキーの弟子であるルリアは，思考を助けることばの働きのなかでも，とくに**行動調整機能**に注目し，次のような実験を行いました。その実験では，ランプがついたらそれに合わせてボタンを押すという課題を子どもにやってもらいます。3，4歳の子どもではこれがなかなかうまくできないのですが，ランプがついたら「はい」と言いながらボタンを押すよう指示すると，正確にボタン押しができるようになります。このように，ことばなしではコントロールすることが難しかった行動も，ことばを添えることでうまくコントロールできるようになるということがあります。3，4歳の子どもでは，ことばがそのような役割を果たし始めているということなのです。

　このように，ことばは初め，他者とのコミュニケーションのなかで獲得され，しだいに，思考の道具としても使えるようになっていきます。ルリアの研究をみてもわかるように，思考を助ける働きのなかでも，ボタン押しのような比較的単純な行動のコントロールという面では，早い時期からことばは役に立っています。子どもはほかに，ごっこ遊びの展開をどうしようか，どんなお城をつくろうか，など，難しい課題に取り組もうとするときも，誰に言うでもなく1人でしゃべったりします（集団的独語）。これも，ことばが複雑な思考にも使われるようになっていることの証拠といえます。前にも述べたように，このような子どものひとりごとに，ヴィゴツキーは，外言から内言が育つ過渡期の状態として注目しました。しかし実際おとなでも，難しい問題について考えようとするときには思わずブツブツとつぶやいてしまうことからもわかるように，おとなになればこのようなひとりごとは消えてなくなるというわけではあ

りません。その意味で，ひとりごと（集団的独語）から内言への移行は，何歳になったら切り替わるといった性質のものではなく，難しい課題にぶつかっては少し後戻りし，ということを繰り返していくような性質のものだと思われます。

4節 書きことばの世界へ

1 文字の習得

　子どものまわりでは，おとなが新聞を読んだり，何かを書いたりしており，また子どもに向かっては絵本を読んでくれたりします。こうして文字の存在や役割に気づくと，子どもは自分でもそれを使ってみようとしはじめます。たとえば，2歳の子どもも，文字をたどりながら何やらゴニョゴニョ言ったりします。まだ本当に文字を読むことはできないけれど，読む活動全体をまねてフリをしているのです。書くほうでも，自分でかいた絵の下に，名前や説明だと言っては，クチャクチャしたかたまりを書きつらねたりするようになります。

　字を読むフリということでいえば，筆者の観察したある4歳の男の子は，「ひとつたくさん」と書かれた絵本のタイトルを，文字1つひとつをたどりながら，「ね・こ・の・マ・イ・ケ・ル」と読んでくれました。その男の子がそのように読んだのは，表紙に描かれたネコが，当時はやっていた漫画に出てくるマイケルという名前のネコにそっくりだったためです。このように子どもはまだ知らない文字でも，環境を手がかりに，そこに何と書かれているのかを読もうとします。このやり方で，その男の子は絵本のタイトルを正しく読むことには（実は）失敗してしまいましたが，お菓子や店の名前など日常的によく接するものであれば，このやり方はかなりうまくいくはずです。文字積み木やカルタなども，まさにこのような方法で，文字に興味をもちはじめた子どもの学習を助けてくれているといえます。

　もう1つ筆者がその男の子に感心させられたのは，彼の読み方が，1つの文字に1つの音を対応づける，かな文字のルールにかなったものだった点です。

天野清は，3歳児に，「ゆきだるま」と言いながら，音の数だけ積み木を置いてくれるようたのむと，積み木は「ゆき・だる・ま」のように3つになってしまったりすることを見いだしています。おとなは，"りんご"という単語が"リ"，"ン"，"ゴ"という3つの音からできていることなど当然と思っているかもしれませんが，上のような3歳児の姿を見ると，実はそういう認識のしかたさえ，かな文字を学ぶなかで作られてきたものではなかったのか，と考えさせられます。上のエピソードの4歳の男の子は，まだ読めないひらがなはあったにせよ（少なくとも，その本の表紙の文字は読めなかったわけですから），「単語はいくつかの音に分解できて，その1つひとつの音が1つひとつの文字に対応している」という，かな文字のルールは，すでにわかっていたのです。

　こうして子どもは，文字の役割を先取りし，"読むフリ" "書くフリ"をしながら文字を使う楽しさを味わっていきます。そして，たいていは，自分にとって意味のある大事な文字，たとえば自分の名前や家族の名前の一部から覚え始め，小学校に入るころにはほとんどの文字が読め，書くほうもある程度できるようになっているのです。

　もちろん，かな文字が完全に読み書きできるようになる時期には早い遅いの個人差があります。とくに書くほうについては，小学校に入る前の時点で，すでに，黙ったまますらすらと作文が書ける子もいれば，まだ自分の名前を1文字1文字声に出しながら書くのがやっとという子どももいます。それでも内田伸子が，小学校入学時点で書字能力に差があった子どもたちを追跡調査したところ，半年後にその差はなくなってしまっていました。このように文字を書くことができるようになる時期が多少遅くなっても，その差はすぐに縮まるものだとすれば，人より早くと焦って興味のない子どもに文字を教え込むよりは，ことばで表現したくなるような豊かな経験を促すほうが大切なのかもしれません。

2　一次的ことばから二次的ことばへ

　子どもたちが生活のなかで話しことばを学んでいくとき，①"今ここ"で起こっていることを，②目の前にいる親しい相手に向かって，③一対一のゆった

りしたやりとりのなかで表現するということがほとんどでした。このようなコミュニケーションにおいては，ことばが足りなかったり，表現のしかたが十分でなかったりしても，相手は子どもが何を言いたかったのかを"今ここ"の状況に照らして理解してくれます。

けれども，書きことばを使ったコミュニケーションではそういうわけにはいきません。読み手は，書き手と"今ここ"を共有しているわけではないので，書き手はそのような相手にも伝わるように，ことばを選び，文章を組み立てなければなりません。また，読み手は，書かれたことだけを手がかりに書き手が何を考えているのかを理解しなければなりません。このように，書きことばでのコミュニケーションでは，①表現すべき内容が目の前にないところで，②目の前にいない相手に向かって，③一方的に話を展開してわかってもらわなければなりません。

このような違いに注目した岡本夏木は，子どもが最初に話しことばを学んでいくときのような特徴をそなえたことばを"**一次的ことば**"，書きことばを使ったコミュニケーションにおいて使われることばを"**二次的ことば**"と呼びました。

小学校に入ってから子どもに求められるのは，文章を読んだり書いたりして実際に書きことばを使うことだけでなく，教室の仲間に向かって自分が経験したことを語ったりと，かたちのうえでは話しことばであっても，その働きは二次的ことばであるようなことばを使うことです。それまでの一次的ことばでのコミュニケーションでは，子どもは，その場の状況や，相手（とくにおとな）の善意に支えられて，うまくコミュニケーションをこなしてきたかもしれません。しかし，そのような支えがなくても相手に伝わることばを使うことができるように，ここからまた長い時間をかけて子どもはことばを育んでいくのです。

コラム8

◆ 類人猿にことばを教える試み ◆

　ヒトの子は，ヒトの家庭で普通に育てられ，3年もすれば，立派な言語の使い手になります。同じように育てたら，チンパンジーもそうなるのでしょうか。

　この問題に挑んだのがヘイズ夫妻です。彼らは，雌チンパンジーのヴィキィを生後すぐ自宅に引き取って育てました。けれど，ヴィキィは自然にことばを話すようにはなりませんでした。それどころか，訓練しても言えるようになったのは「ママ」「パパ」「カップ」の3語だけ。しかも，食べ物をくれる人になら誰でも「ママ」というありさまで，意味がわかっているかは，あやしいものでした。

　ヴィキィがことばを獲得できなかったのは，チンパンジーの構音器官がことばを話す構造になっていないためだと考えたガードナー夫妻は，ワシューという雌チンパンジーに手話を訓練しました。その結果，ワシューは，身近な人となら手話で意思疎通できるまでになり，獲得した手話単語は4年で132語に達しました。けれど，それでも，3歳までに1000語以上を覚えるヒトの子どもには，かないませんでした。だいたいヒトの子どもなら「これは？」と言って自分からどんどん質問してくるのに，ワシューはあまりそういうことをしないのです。それに最近，チンパンジーについては，離れたところにあるものを指さされても，なかなか理解できないとか，自分から指さしすることもほとんどないことなどがわかってきました。そのことも，ワシューが語を学ぶのに時間がかかった理由の1つだったかもしれません。

　さらに，別のチンパンジーで，その手話を分析していたテラスは，「チンパンジーはよく，相手の手話が終わるのを待っていられず，それをさえぎって手話をはじめてしまう。会話の本質を理解していないのだ」といっています。

　類人猿にことばを教える試みは現在，コンピュータを使って「チンパンジーは，見せられたものの名前（の記号）を答えられるか」をみるような研究に引き継がれています。また，チンパンジーよりもっと有望な対象として，ボノボという新種の類人猿にも注意が集まっています。けれど，上のように，チンパンジーにことばを教えようとした試みの歴史を振り返ってみるとき，私たちヒトの言語獲得が，私たちに与えられたどんな特別な力に支えられたものだったのかを，改めて考えてみずにはいられません。

　　　　　　　　　　　　（針生悦子）

第7章

遊びの発達と友だち関係

　みなさんは，子どものころ，どのような遊びをしましたか？　私は，屋内ではおままごとなどのごっこ遊び，屋外では「ダルマさんが転んだ」や，どろけい，高鬼，色鬼などをして遊んでいました。
　子どものころにたくさん遊んだ経験が，自分の世界を広げようとする意欲や遊び心，生活を楽しもうとする気持ちなどを育みます。そして，友だちと一緒に遊ぶ楽しさを通じて人とつながる喜びを味わい，それが後の友だち関係や異性との関係の基礎になっていると考えられます。

1節 遊び

1　子どもの遊びとは

　遊びとは自発的になされる活動で，その活動をすることに楽しいという快の感情が伴うものです。高橋たまきは，子どもの遊びの特徴を以下の6つにまとめています。

　①自由で自発的になされる活動　一度遊びはじめれば，それを続けるのも，止めるのも，遊んでいる人の自由です。またどんな遊びをし，どのように遊ぶのかということも，遊んでいる人に任されています。人は自由な意思のもとでのみ遊びに没頭するのです。それに対して仕事は，義務や強制，責任の伴う活動であり，その活動をとおしてものを作ったり，他人に役立ったりなど，何らかの価値を生み出す生産性をもつ活動です。ところが遊びには，基本的にはこうした義務や強制，責任，生産性はありません。

　②おもしろさ，楽しさ，喜びを追求する活動　遊びはなによりもおもしろいものです。そして，おもしろさを引き起こし，体験できることが，楽しみにつながるのです。楽しみの経験は，必然的に喜びにもつながっています。この，おもしろさ，楽しさ，喜びという3つの感情を体験することは，それぞれつながりのあることなのです。逆に恐怖や不安を感じている時に遊びは生じませんし，過剰なストレスのもとでは，遊びは長続きしません。

　③活動自体が目的である活動　子どもの遊びは，何かほかの目的のための手段ではなく，活動そのものが目的となります。これに対しておとなの遊びは，職場や家庭における拘束や制限から一時的に離れて，気分転換や憂さ晴らしなどのためになされるという点で，子どもの遊びとは異なります。

　④遊び手が積極的にかかわる活動　子どもは，今取り組んでいる遊びに対して積極的にかかわり，没頭します。その遊びが楽しくて夢中になり，全力を注ぐのです。全力で取り組んでいる間に，子どもはスリルや快い緊張

を経験することもあります。

⑤**現実世界から切り離された活動**　遊びの世界は，私たちが暮らす現実世界の価値基準に縛られることはありません。実際には起こりえない状況を創り出し，さまざまな役割を演じるなかで，子どもたちなりの世界を楽しんでいます。ふり遊びやごっこ遊びといったものも，現実とは異なる世界を創り上げて楽しんでいるのです。

⑥**活動を通して心身の発達がはかられる活動**　子どもは成長の過程で発達しつつある心身の機能を，自分からすすんで使用しています。自ら使用する結果，その心身の機能はさらに発達するのです。

2　遊びの種類と発達

a　ものを使った遊び

(1)　感覚運動的遊び

　生まれて3カ月もすると，乳児は動かせるようになった手や指，口などを使ってものを扱い，その結果に関心をもつようになります。ボールをなめるとどういう感触か，積み木を打つとどういう音がするかというように，触覚や聴覚，視覚などの感覚によって行為の結果を理解し，それを反復しようとします。こうして自分の行為が引き起こした結果を楽しむ遊び（**感覚運動的遊び**）がはじまります（第2章3節も参照）。

　しばらくすると今度は，行為を変化させると結果が違ってくることをおもしろがるようになります。子どもの関心は結果を引き起こす手段的行為に向きます。すると，ただボールを落としていたのが，高いところや低いところから落とすようになり，「こうしたらどうなるかな」と自分の行為を試すのを楽しむようになるのです。

(2)　破壊遊び

　生後6カ月をすぎ移動できるようになると，生活用品に対しても自分の行為の結果を試し，いろいろなものの性質を理解しようとしはじめます。ただし，その行為は，放り投げたり，落としたり，バラバラにするなどものを無秩序に

する破壊的活動様式となります。そのため，矢野喜夫はこの遊びを**破壊遊び**と呼んでいます。新聞をクシャクシャにしたり，ティッシュを箱から引っ張り出したり，戸棚の食器を次々と床に落とすなど，親は困惑しますが，乳児はものを自由に支配する喜びを味わいます。

(3) 構成遊び

指先が器用になると，粘土や砂でお団子をつくったり，ミニカーや椅子を一列に並べたり，ブロックを継ぎ足して長くするなど，何かを作ることを楽しむようになります。こうしたものを結合・配列し，秩序をもたらす**構成遊び**は，1歳台の後半から3歳になると出現してきます。

b 相手のある遊び

(1) おとなとの遊び

生後4，5カ月ごろから，母親がおおげさな表情と声を子どもの前で演じてみせたり，おもちゃをユーモラスに動かすのを見て子どもは喜ぶようになります。また生後7，8カ月をすぎたころから，「いないいないばぁ」を楽しむようになります。

このような対人的やりとりのなかで「クライマックス」(「いないいない」でためを作り「ばぁ」を期待させる，「トン，トン，トン，……」と口ずさみながらだんだん子どもの顔のほうへタオルを移動させていき，鼻のところでくすぐるなど)を子どもが期待し，親がそれを適度にはぐらかしつつ期待に応えることにより，期待が実現したときの楽しみを共有する状態が親子の間に

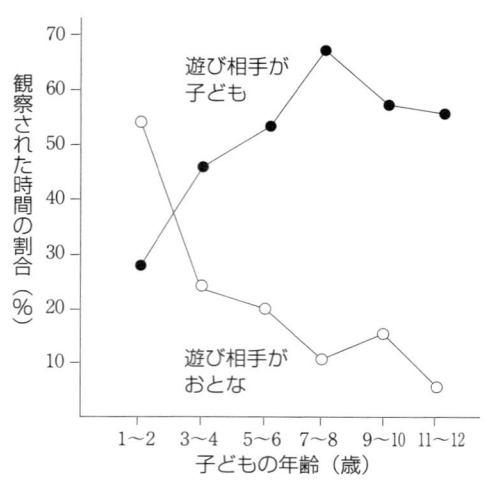

図7-1 遊び相手が子どもの場合とおとなの場合の年齢的変化（Elisほか，1981）

第7章 ◆ 遊びの発達と友だち関係

作り出されます。西村清和は，このクライマックスへの期待とずれ，合一という相互期待と同調の関係性を楽しむやりとりが，おとなとの遊びになるとしています。

その後，ものを自由に扱えるようになり，相手と楽しい気分を共有できるようになると，子どもは遊び相手として同年齢の子どもを選ぶようになります。こうしておとなよりも子どもを相手とする遊びが1〜3歳にかけて増えてきます（図7-1）。

(2) 友だちとの遊び

コミュニケーション能力が限られている幼児は同時に複数の子どもとかかわるのは苦手です。ひとり遊びの状態から相手を求めて一緒に友だちと遊ぶ割合は増えていきますが，それでも遊びグループは，幼児期を通じて2〜5名の範囲にとどまります（図7-2）。

パーテンは，保育所での自由遊びを観察し，相手とのかかわりの形態によって以下の6つに分類しました。

① 〈何もしていない行動〉そのときどきに興味のあるものを見つめて，ぼんやりしている。
② 〈ひとり遊び〉 近くで遊んでいる子どもがいても，その子どもには構わず，ひとりだけで遊んでいる。
③ 〈傍観的行動〉 他児が遊んでいるのを見ている。話しかけたりするが，遊びに加わることはない。
④ 〈平行遊び〉 他児のそばで同じような遊具を使っ

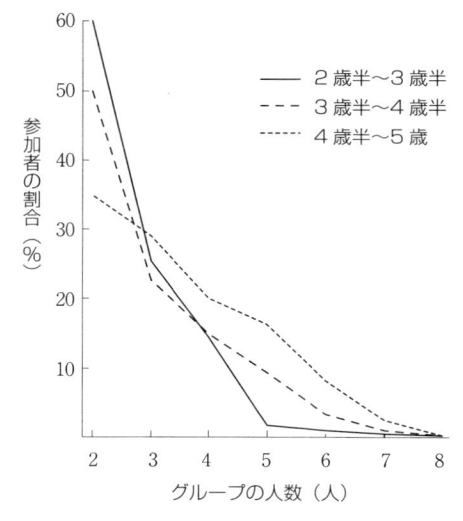

図7-2 大きさ（人数）別にみた遊びグループに参加する子どもの割合（Smith, 1977；高橋, 1984より引用）

て遊んでいるが，互いにやりとりすることはない。
⑤〈連合遊び〉 他児と一緒に遊ぶが，それぞれがやりたいようにやっており，グループ内での活動の組織化はみられない。
⑥〈協同遊び〉 何らかの目的のもとにグループが組織され，協力や役割の分担がある。

2，3歳児ではひとり遊びや傍観的行動，平行遊びなどが多く，4，5歳児になると連合遊びや協同遊びが多くなる傾向があります。パーテン自身は，ひとり遊びを集団遊びの前段階にあると考えていましたが，その後の研究では，年長児のひとり遊びが必ずしも社会性の未熟さを示すとは限らないことが明らかとなっています。ルビンらによれば，1人で遊ぶか集団で遊ぶかは発達的な差異ではなく，子どもの意図的な選択の問題であるということです。

c ものと相手のある遊び

(1) ごっこ遊び

幼児期に子どもが夢中になる遊びにごっこ遊びがあります。1歳半ごろから，ほかの人がすることを見ていて，後で時間が経ってから同じような行動をするという延滞模倣がみられるようになります（第2章3節も参照）。この延滞模倣ができるためには，見たことを記憶にとどめておくことが必要です。つまり，延滞模倣の現れは，見たことを内面化して，イメージを作れるようになったことを意味します。これによって，現実の場面から離れて過去に見たことを再現する「ふり」や，あるもの（積み木）を別のもの（電車）に「見立て」ることが可能となるのです。そして，3歳前後には，見立てとふりの組み合わせによるごっこ遊びがさかんになります。

中沢和子は，見立てを起こす条件として，見立てるものと実物との間に何らかの共通性が見いだされることと，子どもが実物について強いイメージをもっていることの2つをあげています。電車を絵本で見たり，実際に乗ったりするなかで，子どもは多様な電車のイメージをもつようになります。それぞれのイメージは互いに結びつき，作用しあい，子どものなかで独自の電車イメージが形成されていきます。すると目の前の積み木の形から連想して，電車をイメー

ジするようになります。

　ある子どもがおもちゃのコップから飲む行為をイメージしたときに，ほかの子どももそのイメージを共有できると，乾杯したり，ジュースを注ぎあったりする友だちとのごっこ遊びがはじまります。中沢は，友だちとのごっこ遊びがいったんはじまると，互いのイメージを重ね合わせ，そのごっこの世界をより現実に近づけようとする子どもの様子を報告しています。ままごとでは，皿を動かすだけではなく，お母さんはエプロンをしたほうが本物らしいし，居間と台所と玄関がある方がより家らしくなります。

　では，このイメージはどこから生まれてくるのでしょうか。子どものごっこ遊びを見ていると，家や保育所，病院にはどのような人がいて，その人たちはものをどのように扱い，どのようなやりとりをするのかなどについて，現実をよく知っていることがわかります。子どもは遊びのなかにそれらを忠実に再現しているのです。

(2)　ルールのある遊び

　子どもたちは保育者の指示に従ったり，ごっこの取り決めにあわせてふりをするなどして自分の行動をコントロールする経験を通じ，しだいに行動をルールに従わせることができるようになります。そして，他者と自分を比較し，その勝ち負けに関心をもつようになると，相手と競うことを楽しむようになります。こうして5歳ごろになると，スポーツやトランプ，オセロなどのルールのある競技的なゲームを楽しむようになるのです。

　中野茂が考える遊びの変化とその対象も，子どもが発達しつつある機能を遊びに取り込んでいくことを示しています（図7-3）。このように遊びを通じて自分の世界をひろげていくと，できないことでもできるようになると感じるようになります。やればできると思うことは，やってみたいという気持ちを生み出します。そして遊びを通して発達した心身の機能を基盤にしながら，さらに情緒や友だち関係などの社会性の発達もはかられていくのです。

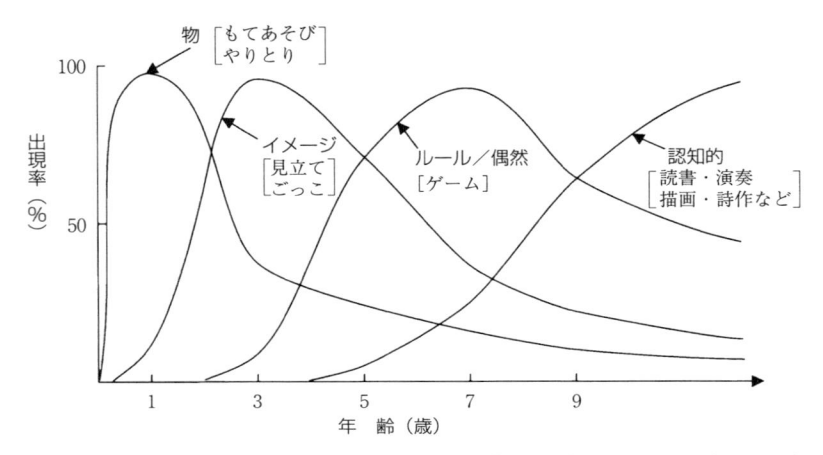

```
       物 ［もてあそび］
  100    ［やりとり  ］
出
現        イメージ      ルール／偶然        認知的
率         ［見立て］    ［ゲーム］         ［読書・演奏  ］
（％）      ［ごっこ］                      ［描画・詩作など］
   50

        1    3    5    7    9
              年　齢（歳）
```

　この図は遊び対象の発達的変化の道筋を模式的に「波」のうねりによって表わしたものである。個々の波は，各々の対象について，それをマスターし，自在に対象を同化できた時点（最適水準）で最頻の遊びの出現率（頂点）となり，そこを境にしてしだいに「自動化」していくことで遊びは衰退していくことを表わしている。

　また，波と波との重なりの部分は，ある時点では遊びは，つぎの時点での遊び対象の探索過程を同時に含んでいることを示唆している。なお，［　］は遊びの型を表わす。

図7-3　遊び発達的変化の「波」（中野，1990）

2節　友だち関係

　子どもにとって最初の人間関係は，家族，そのなかでもとくに親を中心として形成されます。幼児期になると多くの子どもは，幼稚園や保育所に入園し，それと同時に同年齢の子どもとのかかわりが増え，人間関係が親から友だちへと拡大していくことが期待されています。乳幼児期の友だち関係はどのように発達し，どのような意味をもっているのでしょうか。

1　友だち関係の発達

　友だち関係の発達を扱った研究をみてみると，同年齢の子どもとかかわりを

第7章 ◆ 遊びの発達と友だち関係

もとうとする様子は，多くの子どもが就園する3歳よりも前からみられるということです。

ルイスらはプレイルームでの観察を通して，12〜18カ月児が友だちに対して高い関心をもっていることを示しました（図7-4）。また，保育所で乳幼児と保育者との関係を観察した横浜恵三子によれば，12カ月以前の子どもは，友だちに無関心でしたが，12カ月をすぎると，次第に相手の持ち物や身体に興味を示しはじめるようになりました。そして，24カ月以前の子どもは，保育者が間に入らないと友だち関係は成立しませんでしたが，24〜27カ月では友だちに対して積極的にかかわる反応が増え，保育者に対する反応を上回るようになりました。10〜24カ月の子どもを観察したエッカーマンらも，友だちとの遊びがひとり遊びよりも多くみられる時期は24カ月であると述べています。以上のような結果から，子どもは早い時期から友だちに対して興味をもちはじめ，2歳すぎから徐々に友だちとのかかわりがみられるようになるといえるでしょう。

では，子どもたちはどのようにして友だちとかかわっていくのでしょうか。コルサロは幼稚園での遊び場面を観察し，仲間入りの4つの段階を示しました。第1は「接近の試み」，第2は「（接近される側の子どもの）接近への抵抗」，第3は「押し問答の末受け入れる」，第4は「新しい仲間への役割付与」です。倉持清美によれば，この仲間入りを成功に導きやすい方略は，最初に遊び集団の遊びを観察し，展開されているやりとりに即した行動で遊び集団に接近すること，逆に仲間入りを失敗に導きやすい方略は，遊び集団のまわりをうろついているだけの間

プレイルームですごした時間は900秒

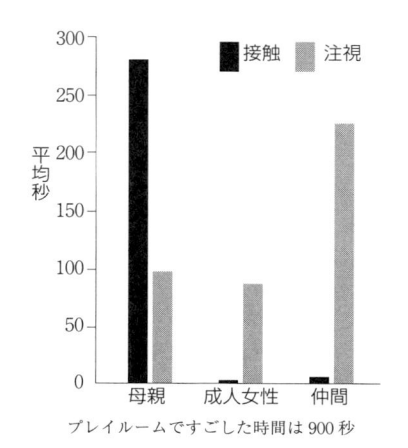

図7-4 12〜18カ月児が初対面の成人女性（仲間の母親）と仲間および自分の母親に対して接触，注視した平均時間
（Lewis ら，1975；中澤，2000より引用）

接的なかかわりや，遊びを乱すような行動をとる場合であるといいます。

　日本には「いれて」「いいよ」という仲間に入る際に多用される直接的な言い回しがあり，実際にこれを用いれば，仲間入りを成功させる確率が高いことがわかっています。このようないわゆる仲間入りルールの使用は，3歳児よりも4歳児に多くみられ，その結果，相互作用のある活動も成立するようになると松井愛奈らは述べています。

　友だち関係の質は，発達とともに変化していきます。子どもに直接「友だちとはなにか」「友情とはなにか」をたずねたユーニスらの研究では，共行動（一緒に遊ぶ）をあげるものが最も多く，愛情（好きな子など），支持（助けあう）などがこれに続いていました。愛情と支持については，4歳児より7歳児のほうが多く言及していました。

　また，ビゲローによると，子どもの友情理解の発達には3つの段階があるといいます。段階1は，お互いに好きで，物理的に近くにいる友だちと共通の活動をすることが友情であると考えます。段階2では，互いに尊重しあうとともに，友だちにはそうした相互の肯定的な態度をずっともち続けなくてはならないという考え方が加わります。段階3では，お互いに受容すること，忠誠と関与，誠意，共通の関心，親密さの可能性といった考えが含まれるようになります。つまり，ただ一緒にいるというその場だけの関係から，お互いに信頼しあう安定した関係へと発達していくのですが，これは幼児期に達成されるものではなく，児童期後期までかけてゆっくりと発達していくと考えられています。

2　友だち関係の諸側面
a　仲良し

　友だち関係は時間をかけて発達していきますが，幼児期においても仲良しという特別な存在が出てきます。柴坂寿子は，遊びの仲間入りの場面では仲良しの子をより積極的に誘おうとすることを，今井和子は，目の前に相手がいなくてもその相手のことを思うようになり，仲良しの子が登園するのを待つようになることを報告しています。

また本郷一夫によると，仲良し同士では，笑いあうことが多く，けんかなどのトラブルに助太刀することも多いといいます。このように仲良しの友だちとの間で楽しさを共有したり，相手から自分のことを気遣われるうれしさを経験していきます。

b　いざこざ・けんか

幼児の友だちとの生活は，いざこざやけんかを抜きにして語ることはできません。いざこざとは「ある子どもが他の子どもに対して，不当な行動，あるいは不満・拒絶・否定などを示す行動を，発話や動作・表情で行った場合」と斉藤こずゑらは定義しています。まだことばが十分に発達していない3歳未満の子どもたちは，相手を叩いたり，突き飛ばしたり，嚙んだりすることもあります。幼稚園に入って1年目の3歳児ではどうでしょうか。斉藤らによると，いざこざの発生原因と終結のしかたは，1年を通じて徐々に変化していくといいます（図7-5, 図7-6）。

いざこざの発生原因として，ものや場所の取りあいは1年を通じて多くみられますが，不快な働きかけは時間の経過とともに減少していきます。イメージのずれによるいざこざは増加していますが，これはものやその性質，自分の役

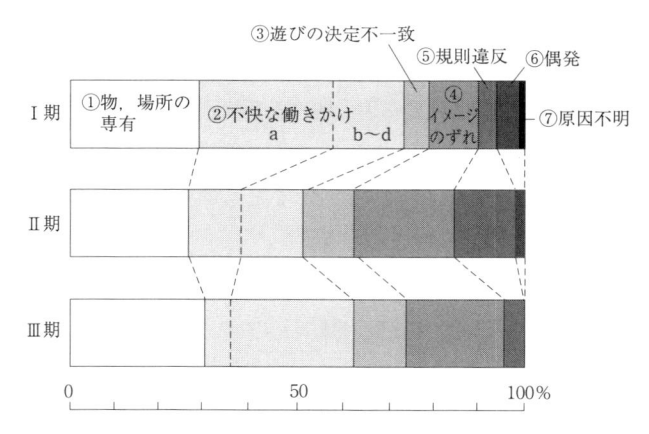

図7-5　3歳児におけるいざこざの原因 （斉藤・木下・朝生, 1984）

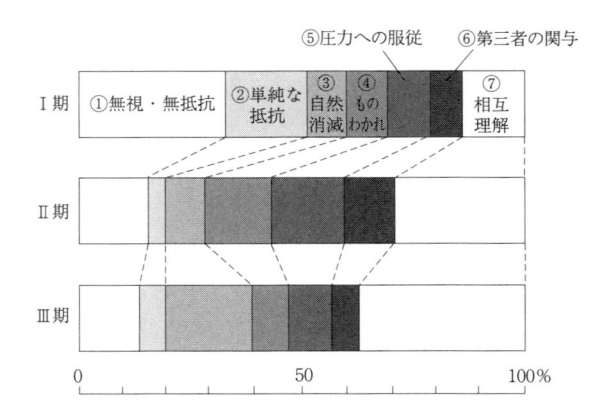

図7-6　3歳児におけるいざこざの終結（斉藤・木下・朝生, 1984）

割などについて、お互いにまったく違うイメージを抱くことから生じています。このことはごっこ遊びがさかんになってきたことを示すものです。また、いざこざの終結のしかたにも変化がみられます。最初は無視をしたり、何もできずにいたりしたのが、徐々にお互いに理解することによっていざこざを解決するようになるのです。

　こうしたいざこざは、子どもの発達にとって大きな意義があります。いざこざは他者との葛藤体験であるがゆえに、この経験を通して子どもは自分や相手を理解し、他者とのかかわり方を学んでいきます。子どものいざこざやけんかに出会うと、おとなはつい止めに入り、解決を図ろうとしますが、子どもにとってはさまざまな人間関係のスキルを学んでいく機会でもあるのです。危険がない限りできるだけ見守っていく、あるいは子ども同士で解決できるように支援していくことが大切だといえるでしょう。

コラム9

◆ メディアと子ども ◆

　情報技術の発展は，子どもを取り巻く世界も大きく変えました。現代の子どもは，さまざまな電子メディア——テレビ，ビデオ（DVD），携帯電話，ゲーム，パソコンなど——に囲まれて育ちます。

　2010年に発表されたNHKの"子どもに良い放送"プロジェクトの報告によれば，乳幼児は1日2〜3時間，テレビ画面に接しているということです。ここには「ながら視聴」も含まれますが，1日3時間という数字は，遊びに費やす時間とほぼ同じになっています。ビデオ（DVD）は，0歳ですでに6割，2歳では8割以上の子どもが利用しています。テレビゲーム（携帯用ゲームを含む）の利用は，3歳以降増加し，女児よりも男児のほうが多く利用することがわかっています。

　こうした早期からのメディア利用は，子どもの知的・情緒的・社会的発達にどのような影響をおよぼすのでしょうか。これまでの研究からいえるのは，質のよい番組を一定時間視聴することは，子どもの知的能力や社会性によい影響をもたらすけれども，暴力的な番組の視聴や長時間におよぶ視聴は，子どもの攻撃性や不安感情を高め，発達上の問題を引き起こす可能性があるということです。

　乳幼児の健全な発達には，五感を使った体験や人との相互作用が不可欠ですが，映像メディアは概して応答性や双方向性に欠け，視覚中心の限られた経験しか生みません。また，暴力的な映像が多いことも問題の1つです。3歳前後になると，キャラクターへの同一視や模倣がさかんにみられるようになりますが，善悪の判断や現実と空想の区別がまだ十分についていない幼児は，危険なことでも真似してしまうことがあります。

　そのため，親をはじめとする身近なおとなが**媒介**する必要があるのです。媒介とは，子どもと一緒にメディアを利用しながら，感想や意見を言いあうことをしています。子どもの環境を構成するおとなの1人として，メディアの悪影響を防ぐとともに，子どもが健全なメディアの使い手になれるよう，応援していきたいものです。

（向田久美子）

コラム10

◆ 日本・中国・アメリカの保育における文化的特徴 ◆

　文化とは,「魚にとっての水」のようなものといわれることがあります。すなわち,当たり前すぎて普段は意識することすらしない習慣や行動のことです。このような文化の存在に気づかせてくれるのが,比較文化的アプローチによる研究です。アメリカの文化人類学者トビンらの研究をもとに,日本と中国,アメリカの4歳児保育の文化的特徴を探ってみましょう。

　日本の保育の特徴として,第1にあげられるのが「見守る」姿勢です。日本では,保育者が子ども同士のいざこざにすぐ手を出すべきではないと考えられていますが,アメリカでは保育者がいち早く介入します。次に「思いやり」の強調ということがあげられます。日本では人の気持ちを察する力や社会的スキルの育成が重視されており,保育者の働きかけもしばしば子どもの気持ちに訴えるという形をとります。このように気持ちは重視されますが,ことばで自らの気持ちや考えを表現することは,中国やアメリカほどには奨励されていません。

　一方,中国では,経済発展の影響を受けて,保育のあり方が「教師中心」から「子ども主体」へと大きく変化しつつあります。1クラスの人数が30人前後で,集団での活動が多い点は日本と同じですが,子ども自身が皆の前でお話を披露したり,意見を述べたりする機会が多いのが特徴的です。日本に比べて言語的やりとりがかなり多いといえるでしょう。

　アメリカでは,保育者1人あたりが担当する子どもの数は10名前後と少なく,個に応じた教育が重視されています。保育のなかで子どもたちは頻繁に「選ぶ」ことと,「ことばで表現する」ことを求められます。また,日本や中国に比べて,特別教育（障害児への対応や英語を話せない子どもへの対応）が充実していることも特徴的です。

　このような違いは子育てや学校教育の違いとも連動しており,長ずるにつれ,それぞれの文化圏特有の行動様式を生み出していくことになるのです。

　　　　　　　　　　　　（向田久美子）

第8章

社会的認知と社会的行動の発達

　いかなる人間も，社会のなかで生きていかねばなりません。そのためには，他者との関係を築き，社会から期待されている考え方や行動様式を身につけ，そして実践できるようになる必要があります。このような，いわゆる「社会化」は，日常的な慣習からもっと厳格な法律まで，さまざまな制約を身につけることによって達成されていくのです。

　では子どもたちは，いつごろからどのようにして，このような社会的な見方・考え方（社会的認知）や行動を身につけるのでしょうか。小さいころから，おとなが熱心に教え込めばいい，というほど単純なものではなさそうです。子どもの発達段階に見合った，適切な働きかけがあってこそ，その発達が促されることでしょう。

1節 他者理解の発達

1 他者と感情を共有する

　新生児には,他者の感情を理解することができるのでしょうか。理解できると考えたほうが,ロマンティックではあります。しかし,いくら新生児の有能性がクローズアップされてきたからといって,そこまでを期待するのは,この段階では無理です。新生児が他者の感情を理解していると判断するだけの材料は,残念ながらありません。しかし,そのようなロマンティックな見方も,あながちまちがっているとも言い切れないのです。むしろそのような誤解（期待）こそが,子どもの発達を支えている面も見逃せません。

　生後まもなくの新生児においても,おとなが示す感情表現の表情を**模倣**することが知られています（図8-1）。しかしこれらは**共鳴動作**と考えられており,相手の感情に共感した結果作られる表情とは違います。私たちおとなでも,相手がにこやかにしていれば,自分は楽しくもないのに無意識に笑ったような表情になってしまうことがあります。

　ところで,このような乳児の示す表情

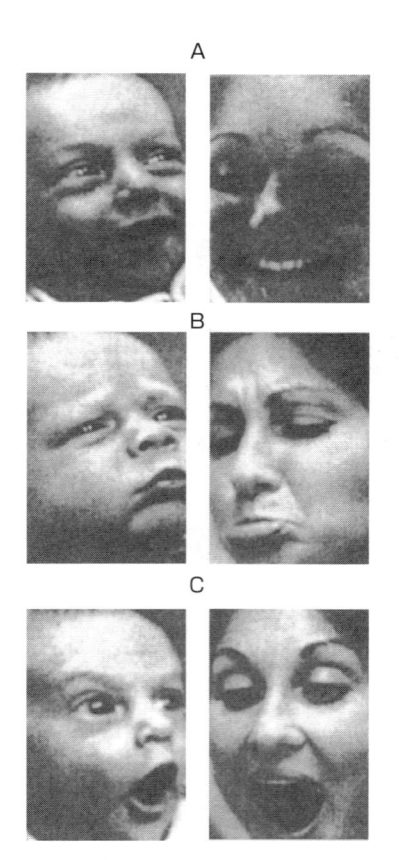

図8-1　新生児によるモデルの表情の模倣（Field ほか,1982）

第8章 ◆ 社会的認知と社会的行動の発達

に出会った養育者は，どのように感じるでしょうか。乳児の示すさまざまな表情から，乳児にも複雑な感情があるものと考え，より積極的にかかわりをもとうとすることでしょう。たとえば，乳児の喜びの表情に対しては「そう，うれしいの。何がうれしいの？」とか，悲しみの表情に対しては「悲しいの？　そんな顔してたら，お母さんまで悲しくなっちゃうよ」といった具合にです（第5章2節も参照）。しかも，ゆっくりとしたテンポで抑揚の大きい高い声といった特徴をもつマザリーズを用い，オーバーに同じような表情を作っていることでしょう。

このような主に表情を介しての養育者との相互作用によって，乳児は，自分の感情状態をよりはっきり自覚できるようになるでしょうし，自分の感情と同様の感情を，他者も共有していると感じるようです。

このことは，乳児にかかわるおとなにとって重要な示唆を与えています。1つには，表情豊かに乳児に接することの重要さです。そのことによって乳児は，感情の共有を繰り返し経験し，その人物に対する愛着を発達させていくと考えられるからです。また人間は，ある表情を作ることで，その表情に対応した感情状態が引き起こされることが知られています。乳児にもそのようなことが当てはまるのであれば，養育者が肯定的感情で乳児に接することで，乳児もその感情を共有し，心理的な安定が促されることでしょう。

2　他者の感情に共感する

表情によるコミュニケーションを繰り返すなかで，乳児は，人の表情のもつ意味や原因を理解していくことでしょう。そして生後1年前後になると，自己判断がつきにくい状況に置かれると，他者の表情を解釈し，自分の置かれている状況を推測して，自分の行動をコントロールするようになるのです（第5章2節も参照）。発達心理学では**社会的参照**と呼んでいますが，ちょうどこのころさかんになる探索行動においても，この社会的参照のもつ意義は大きいことでしょう。このことは，図8-2に示したような**視覚的断崖**の実験からもわかります（コラム11，第2章1節も参照）。

図8-2 視覚的断崖を用いた実験 (川上ほか, 1990)

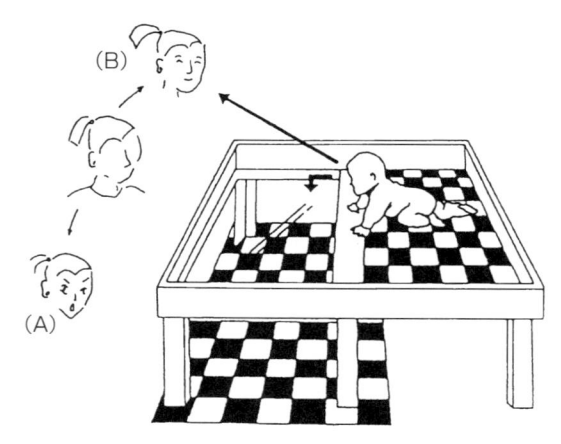

左図の左側は透明ガラス越しに床の模様が見えるようになっており、断崖越しに母親がいろいろな表情を乳児に向ける。

(A)恐怖の表情：母親の方へ這っていく乳児はいなかった。

(B)喜びの表情：約74％の乳児が母親の方へ這っていった。

(Sorceほか, 1985)

　他者の表情の意味を解釈し，自身の行動をコントロールできるようになってくると，1歳をすぎたあたりから，他者の感情状態を変化させようとした働きかけがみられるようになります。次のような光景を目にしたことはないでしょうか。乳児が，道に落ちている物を拾おうとして母親の顔を見る。母親は「バッチイからだめよ」と言わんばかりに，首を横に振りしかめっ面をする。すると乳児は，その表情を見ながらニヤニヤとしてさらに手を伸ばす。このことは，乳児が相手の表情からその意味を解釈し，自分自身の行動を変化させることで，それに伴って相手の表情も変化することを楽しんでいると考えることができます。また，泣いている他児に対して，眉間にしわを寄せながら（共感を示しながら）しばらくその子を注視したのち，自分のもっていたおもちゃを差し出す，ということもあります。このような行動も，乳児が他者の表情を手がかりに感情を解釈し，他者に働きかけることで，他者の不快を取り除こうとしているのです（**愛他行動**：本章2節参照）。

　では，このような発達的変化はなぜ生じるのでしょうか。やはり他者（主に養育者）との感情の共有を伴った，豊富なかかわり経験が重要な要因でしょう。日常繰り返されるこのような経験を通して，他者への共感が可能となっていく

のです。その一方で、ことばのもつ意義も無視することはできません。前にあげた例のように、養育者は乳児の示す表情に対して、頻繁にことばを用いて感情状態に意味づけをします。そればかりでなく、たとえば、砂場で自分の子どもが他児の使っているおもちゃを取って遊びはじめたときには、「ほらほら、○○ちゃん困ってるわよ。使いたいって」などと、他者の表情や行動に対しても言語化することがあります。ダンらは、感情を言語化する割合の高い養育者のもとでは、そのような傾向が子どもにもみられることを見いだしています。

しかし、このような他者の表情を手がかりにした他者感情の解釈は、必ずしも当事者の感情状態に合ったものではないこともあります。同じ状況に置かれても、抱く感情は人によって違うものですが、3歳ごろまでの共感は、自身の経験的範囲にとどまっています。つまり、まだ相手の立場に立って考えるところまでは至っておらず、自分の経験を他者に投影しているにすぎないのです。

また、人間が示す表情はさほど単純ではありません。もちろん、その背後にある感情はもっと複雑なものです。感情表出は、時と場所を選んでなされますし、そのときの感情状態とは逆の感情表出がなされる場合もあります。また、相反する感情を同時にもつこともあります。このような複雑な感情表出を理解しはじめるのは、もっと先になります。おとなである私たちでも、完全な理解はできないのですから……。

3　他者の感情を理解する

私たちは、友だちが沈んだ顔をしているのを目にすると、こちらまで暗い気持ちになってしまいます。そして何とか彼（彼女）を慰めてあげたいと思うことでしょう。そしてなぜ彼が沈んだ顔をしているのか、その原因に思いをめぐらせたり、彼の性格や今置かれている状況、そして自分がかかわることで彼がどのような反応を示すかなど、いろいろなことを考慮しながら接することでしょう。

他者の感情に、非常に限定された意味ながらも共感を示すようになった乳児は、3〜4歳くらいになると、認知能力の発達に伴い、自分と他者とは異なる

視点をもつということを理解しはじめます。そしてそれに伴って、もう少し複雑な他者理解ができるようになってきます。

「ユウちゃんは、お母さんが来なくて泣いていたんだよ」ということばからは、「ぼく（わたし）はそんなことはないのに」という視点を読みとることができます。それを聞いたおとなは、「ユウちゃん、お母さんに早く会いたくて寂しかったんだね」などと、ユウちゃんの行動を感情に照らし合わせて言語化することでしょう。このような働きかけを受けて、他者には他者なりの願望があり、たとえ同じ状況であっても、表出される感情は異なることを理解します。そして、願望が満たされたときにはうれしさを、満たされなかったときには悲しさを感じるということを知るようになります。

しかし、自分が知っていることと他者が知っていることとは異なる、ということは理解しづらいようで、幼児との会話はしばしば混乱することになるのです。「それどうしたの？」「ミヨちゃんのおばちゃんにもらったの」「ミヨちゃんって誰？」「えぇ、知らないの？」——よくよく聞いてみると、ミヨちゃんは、今さっき子どもが公園で出会ったばかりの女の子だったりするのです。

このように、自分とは異なる他者の感情を推測したり、自分の経験と他者の経験との違いを理解したりする能力は、プレマックとウッドラフによる**心の理論**という概念のもとに、近年さかんに研究されています。それらの研究からは、心の理論は4歳ごろから現れはじめることが見いだされています。

さらに長ずると、他者の置かれている状況やパーソナリティ、これまでの行動特性などを考慮して、他者の複雑な内面的世界を理解していくようになります（**役割取得**）。このような理解のしかたが可能になるのは児童期あたりです。

他者理解の発達を支える要因はさまざまにありますが、先に述べたおとなによる言語的介入のみならず、子ども同士のかかわりが重要だと考えられています。けんかやいざこざを通して、自分とは異なる他者を意識したり、他者の感情を読みとったり、行動を予測したり、といった能力が培われていくのでしょう。

ここでは、参考までにおおよその年齢が書かれていますが、実際は非常に個人差が大きいものと思われます。また、研究のデザインが異なれば、結果が必

ずしも一致しないこともあり，発展途上の分野であることを付け加えておきます。

2節 愛他行動の発達

1 愛他行動とは

愛他行動とは，日常的に使われていることばになぞらえると，「思いやり行動」に近い概念です。愛他行動には，援助行動，分配行動，寄付行動などがあります。そして，自分自身の快感情や報酬に結びつくかどうかではなく，逆に自分が不利益を被ったり危険にさらされたりする可能性があるにもかかわらず，他者の利益に貢献しようとする自発的な動機にもとづいた行動を意味します。具体的な実例としては，あやまって川に転落した子どもを助けようとして，状況も顧みずとっさに飛び込む，そんな深刻な事態でなくとも，電車のなかでお年寄りに席を譲る，歳末助けあい運動に参加するなどがあげられます。

しかしここで問題になるのは，目に見える行動ではなく，その動機です。たとえば，アイスクリームを食べている子どもが，「はい，あげる」と言って1さじくれたとします。それで即，愛他行動と判断するのは早計です。なぜなら，そこにかかわる動機が問題となるからです。もしその子が，こうすればほめられるとかごほうびをもらえるという動機にもとづいていたとしたらどうでしょう。これは愛他的とは考えられません。また，コンビニでの釣り銭の寄付も，小銭で財布が重くなるからという動機では，愛他行動とはいえません。

そのように厳密に考えると，愛他行動は非常に限定された行動になりそうです。しかし菊池章夫は，自分自身には何がしかの損失を伴うが他者のためになる行動であれば，自発的になされたものであるかどうかや報酬の有無については，臨機応変であってよい，と述べています。このような考え方のほうが現実的であり，実際に子どもとかかわるうえでは，むしろ重要な視点ではないでしょうか。このことは次項でもう少し詳しく述べますが，1節の冒頭で述べたように，子どもの発達を支えるうえでは，誤解（思い入れ）も重要な意味をもつこと

がある，と理解しておいてください。もちろん誤解だらけでは困りますが……。

2　愛他行動を促す

　青年期の若者たちの，愛他行動とは無縁ともいえる陰惨な事件が，世間をにぎわす昨今です。そのような若者たちの逸脱行動の原因を，単純に乳幼児期に求めることはできませんが，発達する存在として人間を考える立場の私たちにとっては，やはり彼（彼女）たちの育ってきたプロセスに想いをはせずにはいられません。

　愛他行動の発達を促すには，どのようなことが重要だと考えられているのでしょうか。まず前節でみてきたように，他者への**共感性**があげられます。他者がどういう状況にいてどういう感情を抱いているのかを，他者の立場に立ってその感情を認知・理解し，そしてその感情を共有する，これが共感性です。乳児期においても共感性の萌芽はみられますが，それは，けっして自然発生的に展開していくものではありません。やはり環境との相互作用のなかで発達していくものなのです。ここで重要になるのがおとなのかかわり方です。非常に単純化していいますと，結局のところ子どもの共感性を育てるのは，養育者自身の共感的なかかわりだということです。

　共感性の発達は愛他行動の根源ではありますが，やはりそのことが，子どもの行動として表現されなければなりません。たとえば，私たちは困っている人を見ると，多少の犠牲を払ってでも何とかしてあげたいと思うことがあるでしょう。しかし実際にその思いを行動にするかというと，何もせずじまいという人も多いのではないでしょうか。もちろんその理由はさまざま考えられますが，やはり思いやる気持ちだけでなく，それを具体的な行動として表現できる人間であってほしいものです。

　では共感性に裏づけられた行動は，いかに形成されるのでしょうか。けっしてこのようにすればよいというマニュアルがあるわけではありません。最も根源的には，子ども自身が受容的で愛情豊かな環境で育てられること，言い換えれば安定した愛着関係が形成されていることが重要だと思われます。私たちで

も，他者に優しくされたとき，ふっと人に対して優しくしてあげたいと思うことがあるでしょう。愛着による精神的な安定が心の余裕を生むと同時に，どのようにかかわれば自分の気持ちを伝えることができるのかを学習するものと思われます。

　ですから次に重要なのは，子どもとかかわるおとな自身が愛他行動をとることです。子どもはおとなの行動をつぶさに観察しています。そしてその行動パターンを，自発的に自分のものとして取り入れます。このような学習のしかたを，バンデューラは**モデリング**（**観察学習**）と呼び重視したのです。「親の背中を見て子は育つ」ということばが思い起こされることでしょう。ですから，いくら子どもであっても（むしろ子どもだからこそというべきかもしれませんが），口先だけの教示は意味をなさないのです。とりわけこのモデリングの対象となる人物は，子どもにとっての「意味のある他者」といわれています。つまり，子どもと日常的にかかわり，子ども自らが「こんな人みたいになりたい」という思いを抱くおとなということです。もちろん子どもは，仲のいい友だち，きょうだい，テレビのヒーローやヒロイン，絵本の主人公など，多様な環境からさまざまな形で影響を受けます。幼稚園や保育所における先生も例外ではありません。

　愛他行動の形成には，しつけという側面も忘れてはなりません。しつけといっても，むやみにほめたり叱ったりすることも含めて，賞罰でもっておとなの意のままに子どもをコントロールすることではありません。子どもの感情にそった働きかけです。たとえば，こんな例を考えてみましょう。ブランコに乗っているときにうしろに並んでいる子どもがいるとします。「早く替わりなさい」ということばでは，たしかに子どもはブランコから降りるかもしれません。しかしそのときの子どもの表情は，不満感に満ちていることでしょう。「ミチコも待っているとき，替わってほしいと思うよね。あと10回こぐまで待って，って言っておこうか」といった対応はどうでしょう。子どもにとっては，自分の欲求もある程度受け入れられたと同時に，相手の欲求をも尊重することに気づくのではないでしょうか。そしてそれをどういう形で行動に表せばいいのか，

そんなことも学習することでしょう。

そのように考えますと、私たちにとっては、子どもの行動を単に見たままに評価しコントロールするのではなく、それを適宜、誘導的に解釈しフィードバックするというかかわり方が重要だといえそうです。ブランコを独り占めにしているタカシに対して、「タカシもみんなで楽しく遊べるといいと思うよね。みんなが楽しそうにしていたらタカシもうれしいでしょ。どうしたらみんなで楽しく遊べると思う？」などです。子どもの共感性をくすぐるような誘導的なしつけが、子どもの愛他性や愛他行動を導くのに有効だと考えられます。

3節 道徳性の発達

1 道徳性とは

突然ですが、次のような場面に出くわした場合、ヒロシ君とユキオ君に対して、みなさんはどのように感じるでしょうか。

〔場面1〕 ヒロシ君は、タクヤ君がもっているゴジラの人形で遊びたかったのです。タクヤ君が離れている間に、ちょっと手にとってみました。そこへタクヤ君が戻ってきて取りあいになってしまったのです。ヒロシ君が、意地でも離さないぞとばかりに腕を振り回した拍子に、肘がタクヤ君に当たってしまいました。

では、次の場合はどうでしょうか。

〔場面2〕 ユキオ君は、ミツル君とタカシ君が取っ組みあいのけんかをしているのを目撃しました。あわてて2人を止めに入ったのですが、興奮している2人には何の効果もありません。そこで2人を引き離そうと、ミツル君の腕をうしろから引っ張ったところ、勢いあまってミツル君は倒れ、頭を打ってしまいました。

「肘が当たったくらいなんだ。ミツル君は頭を打ったんだぞ」という判断をすることもできます。一方、「ユキオ君はけんかを止めていたんだ。悪いことをしたわけではない」という判断も可能です。このように、人の行為の善悪や

公正さを判断する際、私たちは、内面化された何らかの基準に照らして判断しています。その判断の質が**道徳性**です。もちろん他者の行為だけでなく、自分の行為に対しても、さまざまに判断をしています。そして「自分がまちがっていた」という判断が下されれば、罪悪感や恥ずかしさをおぼえることでしょう。やはりこれも、道徳性の一側面といえます。

また、どういう行為をとるべきかについての考えと、その人が実際にどういう行動をとるかということとは、必ずしも対応しているわけではありません。このことは、経験上十分に理解できると思います。ですから道徳性の概念には、実際にどのような行動がとられるか、その質も問題になります。2節で述べた愛他行動も、道徳性の重要な一側面です。

2 道徳性の発達段階

前述した道徳性は、周囲のおとなたちからの教育的働きかけや、仲間とのかかわりのなかで発達していくものです。

では子どもたちは、どのように道徳性を発達させていくのでしょうか。ここでは、コールバーグの提唱した6つの発達段階（表8-1）をもとに考えていきますが、本書の性質上、段階3までについて説明します。

コールバーグによると、私たちはある行為に対して、自分なりの善悪や公正さの基準に照らして、**道徳的判断**をしています。ただその判断基準が、発達とともに質的に変化していくというのです。

まず段階1ですが、おとな（主に養育者）が課すものが絶対的なものであり、

表8-1 道徳性の発達段階 (Kohlberg, 1969)

水準Ⅰ：慣習以前の道徳性	段階1：罰への恐れと権威への服従
	段階2：相対的な考え方に基づく利己主義
水準Ⅱ：慣習的道徳性	段階3：他者への同調と他者からの肯定
	段階4：法の遵守と社会秩序の維持
水準Ⅲ：慣習を超えた道徳性	段階5：民主的に認められた法
	段階6：普遍的な倫理原理

現実の問題として，それに背くことは何らかの罰を伴います。とりわけ養育者から否定されることは，子どもにとって脅威となるものですから，必然的に子どもは，養育者の規範に従うことになります。乳幼児期全般を通して，この段階にあるといえるでしょう。つまり，「お母さんがこう言っていた」とか「先生がこう言っていた」ということが，子どもの行動を大きく左右するのです。たとえば，「それやっちゃいけないんだぞぉ」「何でだよ」「だってうちのお母さんがだめだって言ってたぞぉ」といった会話からも理解できます。

次に段階2です。世のなかの事象は，そう簡単に善悪で割り切れるものではありません。**自他の分化**（第4章1節参照）という認知発達に裏打ちされて，物事の相対性に気づくようになります。つまり，自分にも欲求や願望があるように，他者にも欲求や願望があることの理解です。そして正しいこととは，自分あるいは，時として他者の欲求や願望が満たされるかどうかが基準になって判断されるのです。その意味では非常に利己的・快楽的段階といえます。たとえば，友だちを叩いて泣かせてしまった子が，「おまえが悪いんだぞ。叩かれるようなことするからだぞ」などと，自己正当化していることがあります。

さらに段階3になると，子どもたちの道徳判断の基準は，より広い社会的な事象（慣習）を視野に入れるようになってきます。多数派の考え方に自分自身を同調させ，周囲から肯定的評

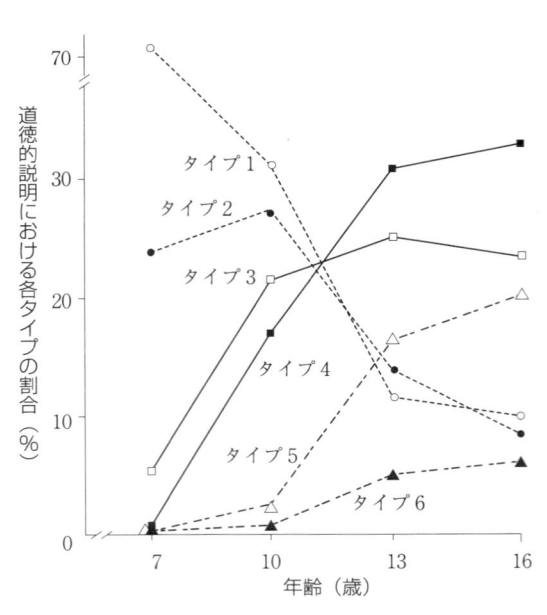

図8-3 4つの年齢における，6つのタイプの道徳的判断の使用の割合 (Kohlberg, 1963)

価が得られるかどうかが重要となるのです。「だってみんなやってる」し、「みんないいって言ってた」からよい行いであり、「そんなことやったら嫌われる」から悪い行いなのです。

その後、段階4・5・6へと発達していくわけですが、ここでは割愛します。しかし、規範の位置づけが、個人的な関係から社会的な関係へとうつっていくことには注目すべきものがあります。あくまでも参考ですが、各段階と年齢との関係を図8-3に示しておきます。

さて、このような道徳性の発達を促す要因ですが、先述したように、認知発達を前提とした共感性や役割取得能力の発達など、複雑な要因が絡んできます。基本的には、親子関係を含めた他者との関係（ある意味ではあつれきを伴った関係）を豊富に積み、加えておとなからの適切な介入に助けられながら発達していくといえるでしょう。

3 子どもにとっての社会的ルールとは

道徳性の発達を眺めてみましたが、やや抽象的になりすぎた感があります。そこで本項では、幼児の具体的な姿に近づける意味で、道徳性の1つである「社会的ルールを守ること」に焦点を当てることにします。

子どもにとっては、**ルール**は、どのような意味をもつのでしょうか。この点については、ピアジェが卓越した議論を展開しています。前項で述べたように、コールバーグのいう段階1にある幼い子どもにとって、おとなの権威は絶対的なもののようです。そしてルールというものも、外在的に存在し、あたかも絶対的な権威のごとく作用するのです。つまり、ルールを社会的産物としてとらえているのではなく、「こうあらねばならない」ものであり、「変えることのできないもの」として把握しているのです。

この段階は、ほぼ幼児期から児童期前半に相当しますが、「こういうきまりなの！」という働きかけは、とりあえず子どもの行動をコントロールするには効果的です。その意味では、わかりやすい時期ではあります。しかし私たちは、子どもの発達を問題にしているのですから、権威的に抑えることができればそ

れでよし，というわけにはいきません。ルールとは，本来どのようなものでどうあるべきかの認識が必要でしょう。

2節でブランコの順番待ちの例を出しました。「あと10回こぐまで」ということばに，並んでいる子どもたちから「い～ち，に～い，さ～ん，……」という声がかかるかもしれません。次に乗った子どもも，そのかけ声でブランコを降ります。ここに，10回で交替というルールが誕生するのです。もちろんおとなからの適切な介入がなされたわけですが，けっしておとなが一方的に決めたルールではありません。少なくとも，その場に居合わせた子どもたちが納得したルールなのです。このような経験を踏まえることで，子どもたちのなかに，ルールについての新たな概念が生まれてくることでしょう。つまり，「決められた」ものから「決める」ものへ，「変えられない」ものから「変えられる」ものへという変化です。

ピアジェによると，これは「他律性」から「自律性」への発達であり，道徳的判断全般に通じる発達段階だということです。そして，他律的な段階の子どもは結果のよしあしが，自律的な段階の子どもは行為に至った動機が，道徳的判断の基準になるのです。本節の冒頭の例でいえば，ユキオ君（けんかを止めに入ったが，結果としてミツオ君にけがをさせてしまった子ども）のほうが悪いとするのが**結果論的判断**で，ヒロシ君（おもちゃを返そうとしなかった子ども）のほうが悪いとするのが**動機論的判断**ということになります。

この章では，社会的認知（人や人との関係をどうみるか）や社会的行動（人との関係のなかでどのように行動するか）について考えてきました。子どものあまりにも複雑な心の世界を理解するには，もちろんこれだけでは不十分です。私たち研究に従事している者にとっても，今なお解明できていないことのほうが多いといっても過言ではありません。子どもたちに直接かかわっていくみなさんによって，今後，多くの知見が提供されることを切に願っています。

第9章

乳幼児保育と子育て支援

　幼稚園や保育所をいくつか訪問してみると，先生方の雰囲気で，子どもたちの活動の様子が異なることに気づきます。にこやかな笑顔で子どもたちとゆったりと接している先生の多い園では，子どもたちも笑顔で，伸びやかに活動している印象をもちます。この章では，このような乳幼児の保育における保育者の役割について，心理学的視点から解説します。また，社会的にもますますその役割が大きくなっている幼稚園や保育所の子育て支援について，ソーシャルサポートという視点から解説します。

1節 乳幼児保育と保育者の役割

1 乳幼児の保育とは

　乳幼児が保育を受ける機関は，**保育所**，**幼稚園**，**乳児院**，**養護施設**などさまざまです。また，それぞれの機関によって，保育の対象や目的が異なります。したがって，厳密には，保育機関を限定しないで，乳幼児の保育や保育者の役割について語ることは困難です。

　しかし，保育所保育指針（平成20年）が定めるように，「保育所における環境を通して，**養護**及び**教育**を一体的に行う」ことを保育と考えるならば，それぞれの機関の保育の特性は，図9-1のように整理されます。この図は，(1)保育には，子どもの心身ともに安定した活動を保障する養護的働きと，子どもの健全で調和のとれた発達を促すという教育的働きの両方が必要であること，また(2)保育機関の対象や目的によって，養護と教育への重心の置き方が異なることを示しています。

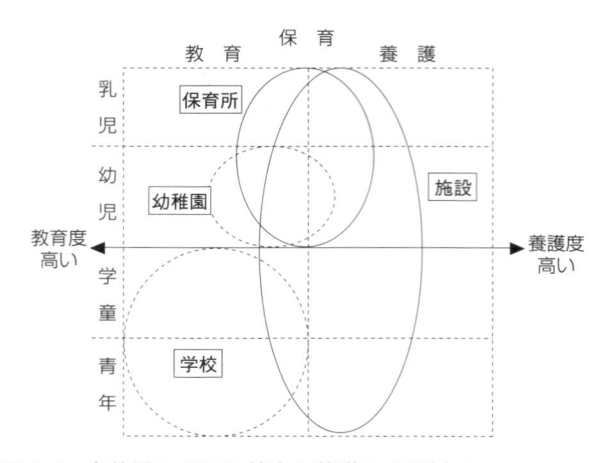

図9-1　各施設における教育と養護との関係（西野ほか，1998）

2 保育者の役割

上記のような保育を進めていくために，保育者は，基本的に2つの役割を担うことになります。1つは，子どもの年齢や集団としての特性を考慮して，安全で安心して活動できる**環境**を整え，また子どもの主体的な活動である**遊び**が充実するような環境を構成する役割です。もう1つは，そのような環境の下で，実際に子どもとかかわり，子どもの心身の安定を図るとともに，調和のとれた発達を促す働きです。

前者の環境の構成者としての役割については，『保育内容「環境」』に関する科目で詳しく学習しますので，この節では後者の役割，すなわち子どもとかかわる保育者の役割について心理学的視点から考えてみたいと思います。

a 子どもの情緒的安定の拠りどころ

まず，子どもとかかわる**保育者の役割**として重要なのは，子どもの情緒的安定の拠りどころとしての働きです。すでに，第3章で記されたように，子どもが情緒的に安定し，能動的に環境とかかわるには，特定のおとなの安定した**愛着**の形成が不可欠です。乳児院のように，24時間の居住施設では，文字どおり保育者が親代わりとなることから，子どもと保育者との安定した愛着の形成が，何よりも優先される保育の課題となります。幼稚園や保育所においても，子どもが保育者と安定した愛着を形成するなかで，自分の気持ちや考えを安心して表すことができるなど，情緒の安定した生活ができるようになります。

また，保育者とのかかわりを通して情緒的に安定することで，集団生活における仲間関係も安定してきます。以下に仲間関係においてトラブルが多かった男児（A男）の保育の事例を示します（図9-2）。

A男は，年長組に進級したころから，必要以上に仲間に執着したり，友だちがいやがることを強いるなど，気になる行動が目立ちはじめました。A男を中心に遊んでいた仲間たちも，とまどいや不安を見せ，登園をしぶる子どもも出てきました。このような状況のなかで，担任である保育者がとった対応は，A男との愛着の再形成です。A男とその仲間たちと一緒になって遊んだり，また仲間に対する不正な行為に対しては，真剣な態度で仲間の気持ちを推

```
┌─────────────────────────────────────┐
│ A男：5歳児　3年保育　年中組からの持ち上がり │
└─────────────────────────────────────┘
              │
    ┌─────────▼──────────────┐
    │    〈年中の頃〉          │
    │ 友だちの中で自分の思いを表しながら遊 │
    │ べるようになった         │
    └─────────┬──────────────┘
              │
    ┌─────────▼──────────────┐
    │  〈進級後～5月中旬〉     │
    │ 必要以上に仲間に執着したり，友だちの │
    │ 嫌がることを強いるようになる │
    └─────────┬──────────────┘
              │
    ┌─────────▼──────────────┐
    │   〈保育者の援助〉       │
    │・A男との愛着の再確認     │
    │・一緒に遊ぶことで，仲間との関わり方を気づかせる │
    │・仲間関係での不正な行為に対しては理由を説明して真剣 │
    │  な態度で対処する        │
    └─────────┬──────────────┘
              │
    ┌─────────▼──────────────┐
    │  〈A男の行動の変化（7月初旬）〉 │
    │・表情が明るくなり，保育者を呼んでにこにこと手を振る │
    │・さまざまな遊びにも目を向ける │
    │・仲間とのごっこ遊びやリレー遊びなどを楽しむ │
    │・苦手だった造形遊びにも参加する │
    └────────────────────────┘
```

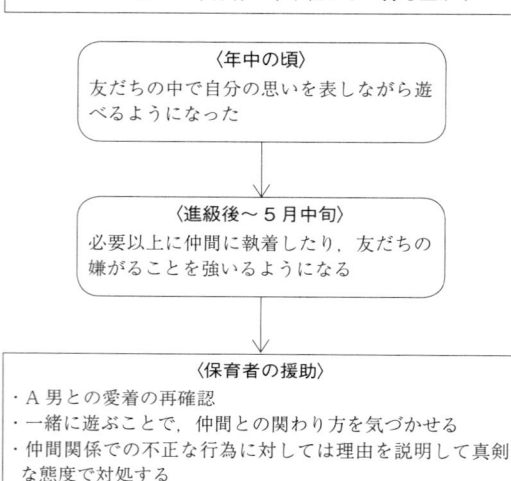

図 9-2 進級後，仲間関係が不安定になった男児（A男）の事例（中坪，1998）

し量ることの大切さを説くなど，根気よく受容的なかかわりを続けました。その結果，A男から保育者の名前を呼んで笑顔で手を振るなど，いわゆる愛着行動がみられるようになりました。また，同時に，強引さが目立った仲間関係も安定し，ルールのある遊びに参加するなど仲間関係にもひろがりがみられるようになりました。

この事例では，進級によってA男の行動が不安定となりましたが，幼児の場合，ちょっとした環境の変化で行動が不安定になることがあります。よくある例は，下に弟や妹が生まれることによって起こる退行です。これまで安定して園生活を送っていたのに，急に登園の際，親から離れなくなったり，ちょっとした仲間関係のトラブルで長泣きをしたりなど，行動が不安定となります。このような場合でも，担任である保育者との愛着の再形成，再確認が必要となります。

b　行動のモデル，遊びの援助者

次に，子どもとかかわる保育者の役割として重要なのは，子どもの行動の**モデル**，遊びの援助者としての働きです。

たとえば，先に示した図9-2の事例においても，保育者は，仲間とうまく

かかわることができないA男と一緒に遊ぶことで，仲間の意図に気づかせ仲間のよい面にも目を向けるよう援助しています。また，保育者が一緒にいることでA男を安心させ，仲間と遊ぶことの楽しさに気づかせています。文字どおり，保育者が仲間関係における行動のモデルとなり，遊びの援助者となっているのです。

　このような保育者の役割は，障害のある幼児と周囲の幼児とのかかわりを育てるうえでも重要です。たとえば，ガラルニックによれば，幼児は，遊びのパートナーとして障害のある幼児よりも，障害のない幼児を選択する傾向があるが，おとなの援助的環境のもとでは，障害のない幼児も障害のある幼児と上手にコミュニケーションを行うことが可能だということです。ガラルニックらは，障害のない幼児に対して，障害のある幼児におもちゃの使い方を教えるという課題を与えました。その際，実験者は，事前に前者の幼児におもちゃの遊び方を十分にデモンストレーションしています（行動のモデルとなる）。また，実際に，障害のある幼児に教える場面では，とまどう障害のない幼児に対して「遊び方を教えてあげてね」と励ましています（遊びの援助者となる）。その結果，たとえば知的障害のある幼児に対しては，よりわかりやすい指示を与えるなど，発達のレベルに応じたコミュニケーションを5歳児でも行うことが可能となりました。

　このガラルニックらの例では，障害のない幼児は実験者のデモンストレーションによって課題の見通しをもっていました。したがって，課題の遂行を励ますだけで，十分な援助効果がありました。このように，子どもが何らかのつまずきを経験している場合，やみくもに援助しても子どもの発達を促すことにはなりませんし，ただ見守るだけでは無責任になる場合もあります。その遊びが何であれ，子どもの問題解決のレベルに見合った援助を行うことが必要です。

　具体的には，子どもが問題をまったく理解していない場合は，問題そのものに気づかせる援助が必要ですし（たとえば，4歳児が苦心して造った砂山を知らずに踏んづけた3歳児が，その4歳児から叩かれて，なぜ叩かれたかを理解していない場合など），問題を理解していても解決の手段（構成要素）を理解

できていない場合は，解決の手段に気づかせることが必要です（たとえば，造形遊びで2つの空き箱をつなげたいと思っている4歳児が，どのような手段で接着させるかを理解していない場合など）。

2節 保育を通した子育て支援

保育所保育指針や幼稚園教育要領においては，保護者支援は大きなテーマとなっており，とくに前者においては，配慮が必要な保護者については，個別の支援を行うことが明記されています。したがって，保育者が行う子育て支援の対象は，これまで以上に広範なものとなっており，その実践には一段と高い専門性が求められることになりました。

そこで，本節では，**ソーシャルサポート**という視点から子育て支援を整理し，保育所や幼稚園に期待される保護者支援の内容と役割を解説したいと思います。

1 育児ストレスとソーシャルサポート

ソーシャルサポートとは，個人の心身の健康に寄与する社会的ネットワークによるサポートと考えられています。たとえば，そのネットワークとは，家族，友人，専門機関などです。したがって，保育の専門機関である保育所や幼稚園は，保護者にとって，重要なサポート資源となります。

また，ソーシャルサポートは，保護者が子育てを通して被るストレスを緩和し，回避するうえで，重要な機能をもちますが，そのメカニズムを，ワランダーとマルロの親の適応モデル（図9-3）にしたがって説明したいと思います。

この図では，子どものもつ特性（年齢，性別，気質，障害や病気の有無等）が，育児上の負担の質や量を決定し，それが具体的なストレスになることを示しています。また，そのストレスは，親の心身の健康や社会的活動（適応）に影響を与えることを示しています。

しかし，一方で，この図は，ストレスが，そのまま保護者の適応を決定する

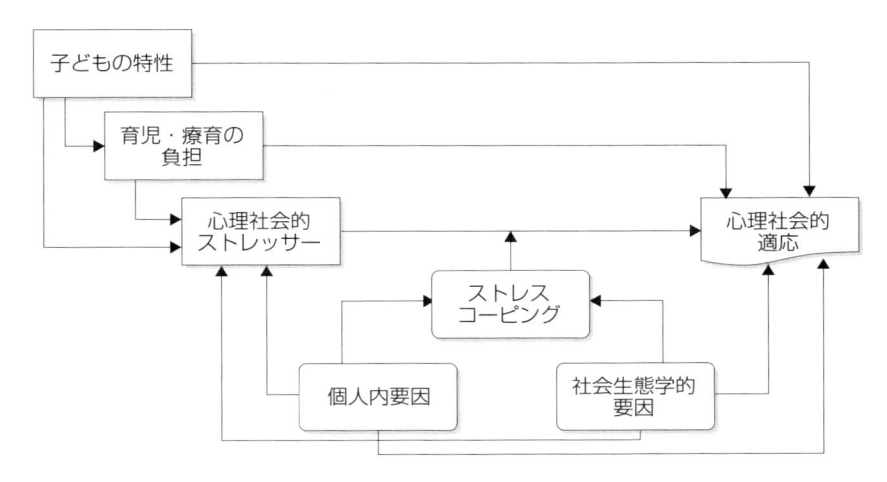

(注) 四角い枠が危険因子，角の丸い四角い枠が抵抗因子を表す。

図9-3 親の適応モデル（Wallander & Marullo, 1997）

訳ではないことも示しています。つまり，保護者の個人的特性やソーシャルサポートの有無によって，そのストレスが緩和されることも，増大することもあるのです（この過程を**ストレスコーピング**といいます）。

　たとえば，保護者の個人的特性の1つとして，パーソナリティが考えられます。社会的に外向的な保護者は，育児上の困り事が生じた場合，自分からSOSを出すことができるので，多くのサポートを得ることができます。また，問題解決能力の高い保護者は，育児上の課題を自ら解決しようとする能動性を有しており，自分で状況を改善しているという感覚（自己統制感）を得ることができます。このような感覚は，結果的にストレスを緩和することになり，さらに保護者としての自尊感情を高めることにもなります。

　次に，ストレスを緩和するうえで大きな役割を果たすのが，ソーシャルサポートです。保育所や幼稚園による子育て支援は，このソーシャルサポートの1つになります。次項で，その内容を詳しく述べたいと思います。

2 育児ストレスを緩和するソーシャルサポートと保育

コーエンらはソーシャルサポートを，その働きにより，情報的サポート，道具的サポート，情緒的サポート，評価的サポート，統合的サポートに分類しました。この分類によれば，保育現場で提供されているサポートは，以下のように整理されます。

a 情報的サポート

保護者のニーズにもとづき，必要とされる情報を提供することが，情報的サポートとなります。

保育所などの子育て支援センターを利用している保護者からは，食事，発育・発達，気になるくせ，しつけなど，さまざまな質問を受けることと思います。また，保育所や幼稚園に在籍している園児の保護者からは，それらの質問に加えて，園生活，友だち関係，ほかの保護者との関係などについても質問を受けることでしょう。いずれにしても，乳幼児期は，育児や保育に関する情報的ニーズが高く，それらのニーズに即した情報を提供することが，保護者支援の基盤となります。

たとえば，仙台市の保育所では，インターネットを利用し情報的サポートを行っています。情報が掲載されているwebは，携帯からでもアクセスできますので，どうぞ試して下さい（http://www.city.sendai.jp/m/kosodate/）。

しかし，情報的サポートにおいては，情報提供が一方通行とならないような工夫も重要です。提供した情報がかえって保護者を混乱させていないか，不安を与えていないか，利用者の声をフィードバックさせる工夫も必要です。

b 道具的サポート

保護者の育児上の負担を実質的に軽減する援助が，道具的サポートとなります。

したがって，日中，保護者に代わって，子どもの養護や教育を行う保育所や幼稚園は，保護者にはかけがえのない道具的サポートといえます。また，保育時間の延長，休日夜間の保育，病児・病後児に対する保育なども，仕事と育児の両立を図る保護者にとっては，重要な道具的サポートとなります。地域の未

就園児の保護者にとっては，保育所や幼稚園で行われる地域開放事業，体験保育，一時保育なども道具的サポートとなります。

c　情緒的サポート

毎日の育児で，心身ともに疲れ切っている保護者に，あなたは大事にされているというメッセージを伝えることが，情緒的サポートとなります。

保育者は，その資質として共感性に優れた人が多いことから，意識をしなくても，自然に保護者の気持ちを受けとめ，情緒的サポートを提供していると考えられます。たとえば，夕方の保育所はあわただしく，保護者が入れ替わり立ち替わり子どもたちを迎えに来ますが，保育者の「おかえりなさい」の笑顔のひと言に，ほっとする保護者も多いことと思います。それは，自分が大事にされているという感覚だけでなく，子どもも1日大事に扱われたにちがいないという安心感を保護者に与えるものとなるでしょう。

d　評価的サポート

育児者としての保護者の日々の努力を認め，親としての実感や自尊心を強化することが，評価的サポートとなります。

親として未熟に見える保護者であっても，彼らなりに多くの努力をしています。それを見逃さず，タイミングよく適切に評価する（ほめる）ことが保護者にとって大きなサポートとなるわけです。とくに，育てにくい気質をもつ子どもや発達に遅れや偏りがある子どもの場合，その保護者は，親としての自信を喪失している場合が少なくありません。また，自分の育児のしかたが悪いから，子どもがこのような状態になっていると，自分を責める保護者も多くみられます。したがって，これらの保護者にこそ，評価的サポートが必要となります。

e　統合的サポート

地域のなかで孤立しがちな保護者に対して，育児中の仲間と一体感をもてるようにすることが，統合的サポートとなります。

たとえば，未就園児の子育て支援活動に参加した保護者が互いに親しくなり，育児に関する情報を交換したり，悩みを共有したりすることができるようになれば，それが統合的サポートとなります。同じ立場，同じ関心事を有するグ

ループの一員であるという実感は,困難な状況のなかで自我を安定化する働きがあり,ストレスに対する耐性を強化することにつながるのです。したがって,保育所や幼稚園においても,保護者懇談の際にスモールグループを作り,日ごろの育児の悩みを話しあうような機会をもつことは,保護者にとって大きなサポートとなります。

　以上のことから,保育所や幼稚園は,子育て支援のソーシャルサポートの資源として,重要な役割を担っていることがわかります。とりわけ,保育所や幼稚園は,ほかの専門機関と比べて,保護者と直接かかわる頻度が高く,またそのかかわりも長期間継続します。したがって,専門機関としてのこれらの特性を生かし,組織的に,計画的にソーシャルサポートを提供することが,保育現場に求められています。

3節　育児に課題を抱える保護者への対応

　保護者から育児に関する相談がある場合,その内容は多様であり,またその背景も多様です。したがって,保護者のさまざまな訴えに混乱しないように,ある程度構造化された手順に沿ってアセスメント（評価）を行う必要があります。以下,保護者のアセスメント・フローチャート（図9-4）にもとづき,基本的な保護者への対応について解説します。

1　育児ストレスのアセスメント

a　育児ストレッサー

　このフローチャートの最初のアセスメント項目は,育児に関する心配事や困り事,すなわち育児ストレッサーの多さです。育児ストレッサーの多さは,基本的に,同じ月齢や年齢の子どもをもつ保護者との比較で判断するとよいでしょう。たとえば,表9-1は,乳幼児健診の際に実施された母親の困り事に関する調査結果です。この表からわかるように,母親から心配事や困り事の訴

第9章 ◆ 乳幼児保育と子育て支援

```
保護者の状態は？

育児ストレッサーが少ない
├─ yes → 育児は適切
│         ├─ yes → 子どもの発達は順調
│         │         ├─ yes → ① 原則として問題なし
│         │         └─ no → ② 子どもの発達支援
│         └─ no → 子どもの発達は順調
│                   ├─ yes → 精神的な問題はない
│                   │         ├─ yes → ③ 教示・啓発
│                   │         └─ no → ⑤ 家族への介入 専門機関との連携
│                   └─ no → ④ 子どもの発達支援 教示・啓発
└─ no → 育児は適切
          ├─ yes → 子どもの発達は順調
          │         ├─ yes → ⑥ 継続的で受容的対応
          │         └─ no → ⑦ 子どもの発達支援 継続的で受容的対応
          └─ no → 子どもの発達は順調
                    ├─ yes → 精神的な問題はない
                    │         ├─ yes → ⑧ 教示・啓発 継続的で受容的対応
                    │         └─ no → ⑩ 家族への介入 専門機関との連携 子どもの経過観察
                    └─ no → ⑨ 子どもの発達支援 家族への介入
```

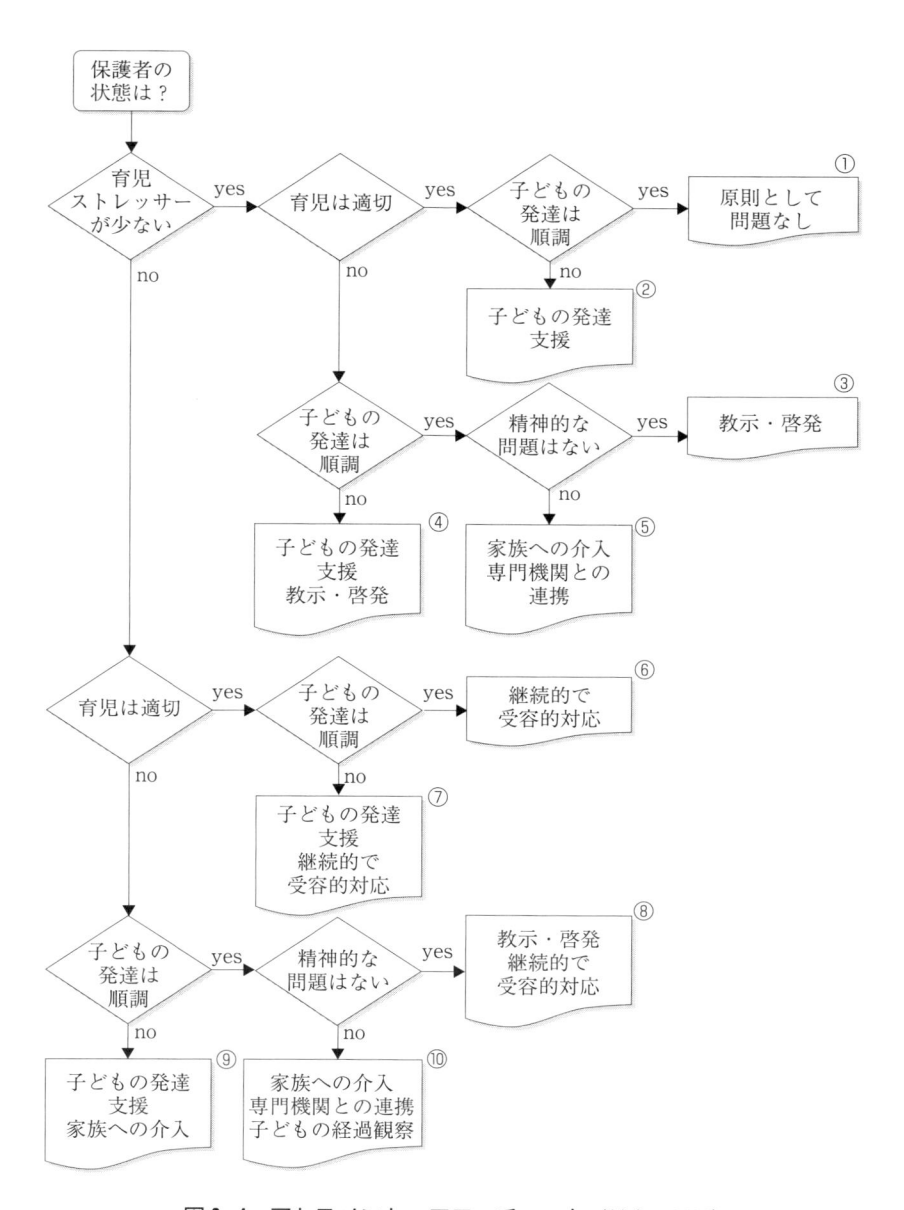

図 9-4　アセスメント・フローチャート（足立，2008）

表 9-1　乳幼児健診における困り事 (岡本ほか, 1997)

順位	4カ月児 (n = 100)	%	1歳6カ月児 (n = 140)	%	3歳7カ月児 (n = 143)	%
1	理由もなく泣き続ける	39.0	子どもが言うことをきかない	44.3	子どもが言うことをきかない	54.5
2	子どもが病気のとき	35.0	子どもが病気のとき	37.2	子どもが病気のとき	39.9
3	子育て以外に時間がない	34.0	理由もなく泣き続ける	32.1	子育て以外に時間がない	28.7
4	睡眠不足	27.0	子どもの夜泣き	29.3	夫と子どもの生活リズムが合わない	25.9
5	湿疹やアトピーなどの皮膚のトラブル	22.0	子育て以外に時間がない	27.8	子どもの夜泣き	24.5
6	子どもの夜泣き	20.0	睡眠不足	23.6	理由もなく泣き続ける	23.1
7	夫と子どもの生活リズムが合わない	19.0	夫と子どもの生活リズムが合わない	20.7	湿疹やアトピーなどの皮膚のトラブル	22.4
8	子どもばかりで孤独を感じるとき	19.0	夫の協力や理解が得られない	20.0	子育てにお金がかかる	21.7
9	子どもが言うことをきかない	17.0	湿疹やアトピーなどの皮膚のトラブル	20.0	睡眠不足	21.0
10	姑や親戚との意見の食い違い	15.0	いつも私につきまとって離れない	20.0	子どもばかりで孤独を感じるとき	17.5
	心配事の平均値 4.67 (SD 3.83)		心配事の平均値 5.15 (SD 3.92)		心配事の平均値 5.41 (SD 4.12)	

えが5, 6個あったとしても，これらの年齢の子どもの保護者としては一般的な姿であると判断されます。

b　育児の適切さ

次のアセスメント項目は，育児の適切さです。育児の適切さを判断する際にチェックすべき項目を表9-2に示します。たとえば，「子どもの身体的ニーズに応えることができているか？」を判断する具体的な育児行動には，「子どもの体調の変化に敏感である」「天候に合わせた服装をさせる」「就寝時刻が遅くならないように配慮する」「朝食を抜くことはない」などが考えられます。保護者からの情報（育児知識，生活スタイル等），職場の保育者からの情報，あるいは保護者と子どものかかわりの観察などをもとに，表9-2に示す項目に該当する育児行動があるかどうかチェックし，育児の適切さを判断します。

表9-2 育児の適切さを判断する項目（Fowler, 2003 より引用，一部改変）

> 子どもの年齢に即した身体的ニーズを十分に理解しているか？
> 子どもの身体的ニーズに応えることができているか？
> 子どもの身体的ケアを十分に行っているか？
> 子どもの年齢に即した情緒的ニーズを十分に理解しているか？
> 子どもの情緒的ニーズに応えることができているか？
> 子どもの情緒的ケアには温かみがあるか？
> 危険なことから，子どもをどのように守っているか？
> 安定して落ち着いた環境を，子どもに提供しているか？
> 親としての権威を適切に行使しているか？
> 親子の間にはどのようなレベルの愛着が形成されているか？
> 子どもの難しい行動にどのように対応しているか？
> 子どもの行動を管理するためにどんな方法を使っているか？
> 子どもの行動に対しプラスの強化子（報酬）やマイナスの強化子（罰）を使っているか？
> 育児をするうえで必要な基本的な技能や知識を有しているか？
> どんなときでも，子どものニーズに優先権を与えているか？
> どんなときでも，無難に育児をするだけの心身のエネルギーがあるか？
> 一方の親に足りない育児の技能や知識を補うことができるか？
> 育児に影響を与えるような夫婦関係の問題があるか？

c 子どもの発達状況

3番目のアセスメント項目は，子どもの発達の状況です。子どもの発達に関しては，前章までに詳しく書かれています。また，第10章で発達障害のことが詳しく書かれていますので，それらを参照して下さい。

なお，それらの章で取り上げられていない子どもの気になる行動に，基本的生活習慣に関するもの（たとえば，偏食，夜尿，夜泣きなど），習癖に関するもの（たとえば，チック，指しゃぶり，爪かみなど），性格に関するもの（たとえば，乱暴，反抗，分離不安など）があります。これらの気になる行動は，子どもの成長や発達に即してじっくり対応することが望まれますが，家庭環境の変化などによって顕在化する場合もあります。図9-4のアセスメント・フローチャートに示すように，常に，環境との相互作用のなかで，これらの行動を理

解する必要があります。

d　保護者の精神的な問題

4番目のアセスメント項目は，保護者の精神的な問題です。これらの問題には，基本的には健康なものから，治療を要するものまで存在します。具体的には，うつ，統合失調症，アルコールや薬物の依存症，あるいは境界性，自己愛性などのパーソナリティ障害などです。

これらのなかでも，育児期のうつで，よく知られているのが産後に出現するうつです。その症状は，いらだち，自信の喪失，罪悪感，集中力の低下，混乱，性に関する興味の喪失に特徴づけられ，8～25％の母親で観察されるといわれています。このようなうつ状態は，保護者にとって苦痛なだけでなく，育児や家庭生活に悪影響をおよぼし，長期化する場合には，子どもの発達にも影響することが知られています。また，最近では，父親のうつもこの時期の発症率が高いことが報告されており，産後のうつは，母親だけの問題ではありません。ポールソンらの調査では，産後の母親のうつは14％，父親のうつは10％にのぼると報告されています。

2　保護者の支援計画に向けて

上記のアセスメントと，図9-4のフローチャートにもとづき，育児に課題を抱える保護者の支援目標を以下のように導くことができます。

① 育児ストレッサーは少なく，育児は適切で，発達も順調なケース

　このようなケースは，基本的に育児に対する保護者の課題は少なく，支援ニーズは低いと考えられます。しかし，保護者が育児に関する思いを率直に吐露しない場合でも，「原則として問題なし」と分類される可能性があります。したがって，これらの保護者には日ごろから声がけをし，信頼関係を築く努力が必要です。

② 育児ストレッサーは少なく，育児は適切だが，発達に問題があるケース

　子どもの発達に問題があるにもかかわらず，保護者が知覚する育児ストレッサーは少なく，育児も適切に行われているケースです。子どもの発達

を客観的に理解し，的確に育児をしている保護者と考えられます。しかし，一方で，自分の不安や悩みを打ち明けることができず，頑張りすぎている保護者である可能性も否定できません。子どもの発達を援助するための計画を立てることがまず第1ですが，本当に保護者と家庭に支援ニーズがないかどうか精査する必要もあると考えられます。

③ **育児ストレッサーは少なく，育児は適切でないが，発達が順調で，保護者に精神的な問題がないケース**

問題は，育児が適切に行われていない点にあります。子どもの発達が順調であることを考えると，その育児の不適切さは，家族のほかのメンバーによってカバーされているのかもしれません。あるいは，今のところ，子どもへの影響が顕在化していないだけなのかもしれません。いずれにしても，保護者に対して，適切な育児のあり方を学んでもらう必要があります。この保護者は，精神的な問題は少ないことから，必要に応じて育児のアドバイスなどを行うなどの支援（教示・啓発）が可能であると判断されます。

④ **育児ストレッサーは少ないが，育児は適切でなく，発達に問題があるケース**

育児の不適切さが，子どもの発達に負の影響を与えている可能性があり，保護者支援と子どもの発達の援助を同時に行う必要があるケースです。この分類では，保護者の精神的な問題には触れていませんが，まずこの問題のアセスメントをする必要があります。保護者に精神的な問題がない場合は，子どもの発達について理解を深めてもらい，そのうえで，子どもの発達的特徴に即した育児のあり方を学んでもらうように支援します。一方，保護者に精神的な問題がある場合は，家族の問題を解決するための援助も必要です。子どもの発達にも問題が生じていることから，保健所，児童相談所などの保護者，子どもにかかわる専門機関との連携が必要とされます。

⑤ **育児ストレッサーは少ないが，育児は適切でなく，発達に問題はなく，保護者に精神的な問題があるケース**

このようなケースでは，保護者の精神的な問題に起因して，不適切な育

児が行われている可能性が高いと考えられます。また，このような保護者のもとでも，子どもの発達に問題が生じていないのは，祖父母などの家族のほかのメンバーからのサポートが厚いことが考えられます。子どもの発達に問題がないとは言え，経過観察の必要があるでしょう。家庭環境は脆弱となっている可能性があり，早急に保健所や児童相談所などの専門機関と連携することが求められます。

⑥ 育児ストレッサーは多いが，育児は適切で，発達も順調なケース

育児ストレッサーが多い理由として，子どもの発達は順調だが手のかかるタイプであること（気質的問題など），保護者がストレスを被りやすいパーソナリティであること（不安傾向や神経質傾向が高い），あるいは家族のサポートが乏しいことなどが考えられます。したがって，育児ストレッサーの多さが何に起因するのか，詳しくアセスメントを行う必要があります。いずれの理由であれ，保護者に対しては，定期的に相談の機会を設けるなどの対応が求められます。

⑦ 育児ストレッサーは多いが，育児は適切で，発達に問題があるケース

育児ストレッサーが多い理由として，子どもの発達に問題があることが考えられます。また，育児は適切であることから，子どもの発達については，正しく理解されている可能性が高いと判断されます。子どもの発達の援助を行いながら，保護者に対しては，定期的に相談の機会を設けるなどの対応が求められます。

⑧ 育児ストレッサーは多く，育児は適切でないが，発達が順調で，保護者に精神的な問題がないケース

育児ストレッサーが多い理由としては，⑥と同じような条件が考えられます。また，このようなケースでは，育児が適切でないことの結果として，育児ストレッサーが多くなっていることも考えられます。保護者に精神的な問題はないが，育児ストレスは高いと判断されることから，保護者に対しては，定期的に相談の機会を設けるなどの対応が求められます。また，保護者との信頼関係をまず形成したうえで，具体的なアドバイスや情報の提

供を通して，適切な育児のあり方を学んでもらう必要があります。

⑨ **育児ストレッサーは多く，育児は適切でなく，発達に問題があるケース**

④と同じように，育児は適切でなく，発達にも問題が生じています。環境的な要因が子どもの発達に影響を与えている可能性もあり，保護者支援と子どもの発達の援助を同時に行う必要があると判断されます。また，④との違いは，保護者の育児ストレスが高いと思われる点です。子どもの発達的特徴の理解が不十分で，子どもの問題に振り回されている可能性もあります。また，保護者の精神的な問題のアセスメントは行っていませんが，問題が生じている可能性も否定できません。このようなケースは，保健所，児童相談所などの保護者，子どもにかかわるそれぞれの専門機関との連携を行いながら，子どもの発達的特徴に即した育児のあり方を学んでもらう必要があります。

⑩ **育児ストレッサーは多く，育児は適切でないが，発達に問題はなく，保護者に精神的な問題があるケース**

⑤と同じように，保護者の精神的な問題に起因して，育児が適切に行われていない可能性が高いと考えられます。加えて，育児ストレスも高いと判断されることから，保護者の精神的状態はかなり悪化している可能性があります。早急に，家庭の問題を解決するための援助と児童相談所などの専門機関との連携が求められます。また，今後，子どもの発達への影響が考えられることから，注意深くその発達の経過観察が必要です。

コラム11

◆ 保育者の「かもし出す雰囲気」──笑顔のもつ意味 ◆

　第9章の冒頭で記したように，保育所や幼稚園を訪問してまず感心するのは，迎えてくれる先生方の温かい笑顔です。おとなの私ですら，安心して園の門をくぐることができますし，こちらも自然と笑顔になります。このような先生方の笑顔に代表される受容的態度は，環境としての保育者の「かもし出す雰囲気」といわれます。

　このように保育者の受容的態度として笑顔が重要であるのは，乳幼児期においては，養育者の表情が，子どもが自分の環境を認識するうえで，重要な手がかりとなるからです。ソースらは，視覚的断崖の実験手続きを用いて，以下のように表情のもつ**社会的参照**機能を明らかにしています。

　第8章図8-2にみられるように，乳児が視覚的に断崖となっている場所まで這っていきます（ガラスがありますが，段差があるように見えます）。そこで，乳児は躊躇して母親の表情を見ます。そのとき，もし母親が笑顔だとその断崖の部分を渡りますが，母親が怖がったり怒った顔をすると断崖の部分を渡らないのです。

　この実験が示すように，子どもの年齢が小さければ小さいほど，ことばによるコミュニケーション以上に，表情などの**非言語的なコミュニケーション**が重要となります。たとえば，園にまだ慣れない新入園児に，ただおとなの目の高さから声がけをするだけでは，子どもを安心させることはできません。子どもと同じ目の高さになり，場合によっては膝に抱いたりしながら，笑顔で話しかけることが必要です。また。このような保育者の配慮は，送り迎えの保護者にも伝わり，自然と園全体の温かな雰囲気を作り出していきます。保育所や幼稚園で実習している学生をみますと，緊張のためか不安のためか，笑顔が見られない場合があります。これでは，子どもに対する拒否のサインになりかねませんし，園の雰囲気を壊すことにもなります。笑顔になることで，まず，あなた自身がリラックスできますし，身ぶり手ぶりや声の調子もやわらかくなります。実習では，自然に笑顔がこぼれるよう，十分な事前の準備と健康管理が望まれます。

　　　　　　　　　　　　（足立智昭）

第10章

さまざまな発達の障害

　幼稚園や保育所に，心身発達上の障害をもった子どもたちが入園する機会が増えています。このことは障害をもった子どもにとっても，まわりの子どもにとっても経験の幅を広げ，よい刺激となるはずです。
　人間は誰でも似ているところや，違ったところがある。そして，他人より早くできることや，じょうずにできることだけに価値があるのではなく，自分の力を精一杯出すことに喜びを感じられることが大切なのだということ，誰かに助けられたり，誰かを助けたりして，かかわりあいながら生きていくのが人間であるということを，子どもたちがごく自然に感じとっていってくれることを願います。

1節 発達の障害とは

1 障害について理解すること

　みなさんはどのような形で「心身の障害」に出会ったのでしょう。自分自身が何らかの障害をもっている人もいるでしょうし，家族や友人に障害者がいるという場合もあるでしょう。ボランティア活動に参加することで積極的に出会いをもった人もいれば，保育士資格を取るためにやむなく行った施設実習が最初の出会いだったという人もいるかもしれません。これまで，まったくこの問題にかかわったことのない人でも，いつの日か自分自身が障害者になったり，わが子が障害をもって生まれてくる可能性を否定することはできません。

　人間は未知のものに対して，怖れや拒否の感情を抱きやすいものです。正しい知識を得て，障害とともに生きる人々にかかわるチャンスをもち，理解を深めることが，人間性に対する洞察力を深め，自分自身を大きく成長させてくれるはずです。

2 発達の障害について

　近年「**発達障害**」という用語が頻繁に使われるようになりました。実は，このことばの定義は明確に定まっていません。知的障害，自閉症，学習障害，ＡＤＨＤ，脳性まひなど，主として児童期までに発症する中枢神経系の原因にもとづくと思われる精神機能の障害をさすことが多いようですが，2005年に施行された**発達障害者支援法**では「この法律において『発達障害』とは，自閉症，アスペルガー症候群そのほかの広汎性発達障害，学習障害，注意欠陥多動性障害その他これに類する脳機能の障害であってその症状が通常低年齢において発現するものとして政令で定めるものをいう」とされています（図10-1）。

　この章では主として発達の初期，すなわち乳幼児期からさまざまな原因によって生じる心身の発達の遅れやひずみについて広く「**発達の障害**」としてと

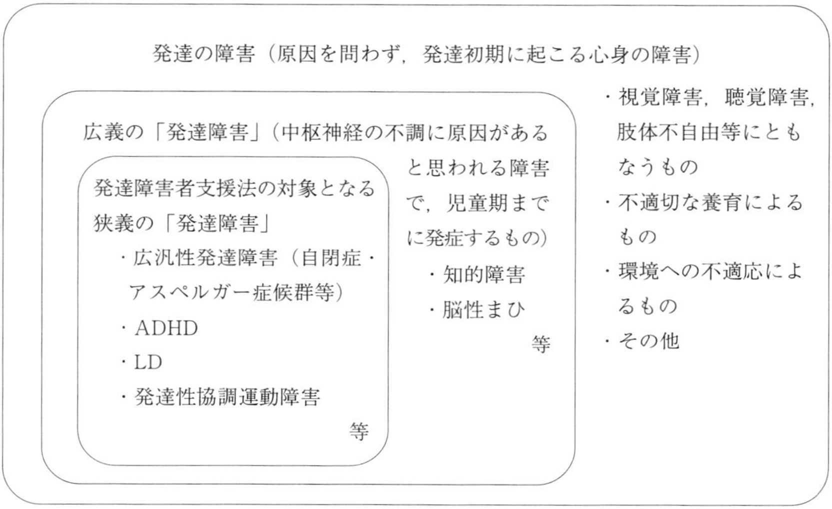

発達の障害（原因を問わず，発達初期に起こる心身の障害）

広義の「発達障害」（中枢神経の不調に原因があると思われる障害で，児童期までに発症するもの）

発達障害者支援法の対象となる狭義の「発達障害」
・広汎性発達障害（自閉症・アスペルガー症候群等）
・ADHD
・LD
・発達性協調運動障害
等

・知的障害
・脳性まひ
等

・視覚障害，聴覚障害，肢体不自由等にともなうもの
・不適切な養育によるもの
・環境への不適応によるもの
・その他

図10-1 発達の障害と「発達障害」の概念

りあげます。

発達初期に生じる障害は，2つの意味で特別な配慮を必要としています。まず第1に，人間としてのさまざまな能力の獲得過程で起こる障害ですから，その影響は生涯にわたり，広範な影響をおよぼす可能性が高いといえます。第2に，心身の発達途上であるこの時期の人間は可塑性に富み，障害を補償し，環境に適応する能力の発達が著しい時期でもあるということです。

3 保育の中の発達の障害

集団のなかで多くの子どもの発達をみている保育者は，障害に気づきやすい立場にあります。保育のなかで明らかに他児より手がかかるのに，保護者にまったくその認識がないと「子どものことをわかっていない困った親」といった見方をしがちです。園生活でいかに手を焼いているかを逐一伝えることで，少しでも現実の子どもの姿を理解してもらおうという保育者がいますが，結果的に保護者は混乱し，園にも，保育者にも，拒否的な感情をもってしまう場合

が多いようです。まずは、クラスの一員として子どもの存在を認め、その子の発達を理解し、保育のなかでどのように援助していくべきかを考えましょう。また、積極的に園長はじめ、保育経験の豊かな先輩に助言を求めて下さい。

保育参観や行事をきっかけに保護者が問題を意識する機会があります。その際には、保護者の不安な気持ちに共感し、子どもの成長している部分を認め、一緒に問題を考えていこうという姿勢を示して下さい。今、子どもにとってどのような働きかけが必要なのかを具体的に伝えることが大切です。場合によっては、より多くの情報や助言を得るために、巡回相談を利用したり相談機関を訪れることを保護者に勧めます。できれば、保育者自身もそういった機関と連携をとりながら、よりよい援助を考えていくことが望ましいと思います。

2節 精神機能の発達の障害

1 知的障害

知的機能（認知、記憶、思考、学習等の力）の発達水準がその子の実際の年齢の標準より遅れている状態（目やすとして知能指数70以下）をさします。実際に**知的障害**の診断がなされる際には、知能検査による診断結果に、言語能力や、社会性、身辺処理能力などの生活行動面での発達についての観察結果を加えて総合的に判断されます（表10-1）。

知的障害の生物学的原因については、図10-2に示すようなものが考えられます。しかし、実際には、はっきりした原因がわからない場合が多いのです。**ダウン症**のように「染色体の異常」という原因がわかっていても、なぜ染色体の異常が起きるのかは明らかになっていません。また、原因がわかっても完全に治療することは不可能な場合がほとんどです。出現率は2～3％といわれ、発達障害のなかでは頻度の高いものです。

第10章 ◆ さまざまな発達の障害

表10-1　知的障害の程度による分類（「愛の手帳交付要綱」をもとに作成）

分類	知能指数の目やす	成人における日常生活の困難度
軽度	50〜75	日常生活に差し支えない程度に身辺の事柄を理解できるが，時と場所に応じた臨機応変の対応は不十分。日常会話はできるが，抽象的な思考が不得手で，こみいった話は難しいので場合によっては支援が必要。
中度	35〜55	具体的な事柄についての理解や簡単な日常会話，ごく簡単な読み書きができる。声かけ等の援助のもとに社会生活が可能。
重度	20〜40	生活習慣になっていることであれば，言葉での指示を理解し，ごく身近なことについては，身振りや2語文程度の短い言葉で表現することができる。日常生活では，個別的援助を必要とすることが多い。
最重度	20ないし25以下	ほとんど，言葉を理解することができず，意思を伝えることや環境に適応することが著しく困難である。日常生活では常時誰かの介護を必要とする。

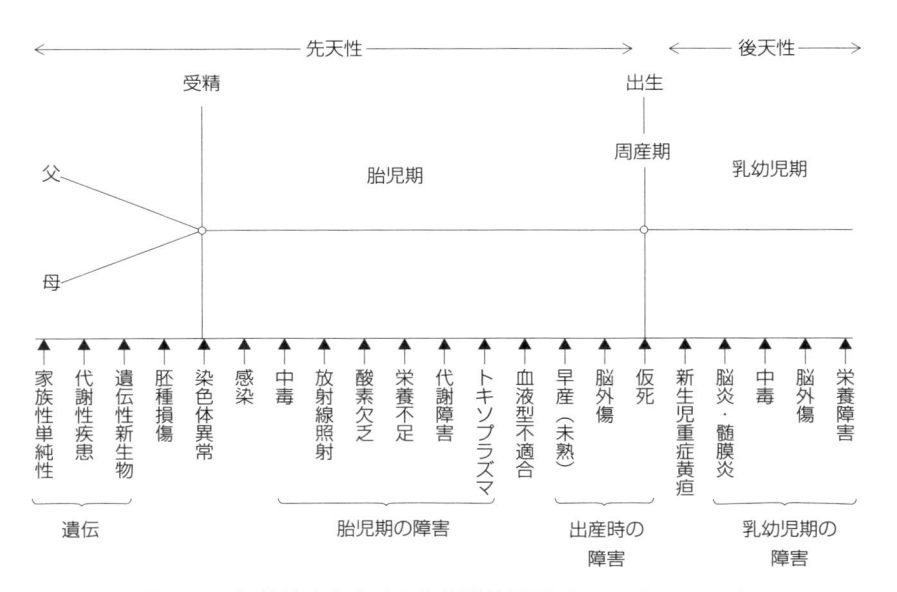

図10-2　知的障害を生ずる生物学的原因（柚木・白崎，1988）

先天性：受精〜出生（胎児期），出生〜周産期
後天性：乳幼児期

遺伝：家族性単純性，代謝性疾患，遺伝性新生物，胚種損傷，染色体異常
胎児期の障害：感染，中毒，放射線照射，酸素欠乏，栄養不足，代謝障害，トキソプラズマ，血液型不適合
出産時の障害：早産（未熟），脳外傷，仮死
乳幼児期の障害：新生児重症黄疸，脳炎・髄膜炎，中毒，脳外傷，栄養障害

2 自閉症

次の3つの特徴が3歳までにみられたときに，**自閉症**という診断がなされます。

(1) 社会的相互交渉の障害

乳児期には「人見知りや後追いがなく，愛着関係を形成することが難しい」，幼児期には「呼んでも振り向かない」「視線が合わない」「ほかの子どもへ関心を示さない」などの特徴がみられ，自分から対人関係を形成することが非常に困難です。

(2) コミュニケーションの障害

なかなかことばが話せるようにならなかったり，ことばが出ても，おうむ返しやひとりごとが多く，コミュニケーションの手段として使いこなすことに困難があります。気に入ったコマーシャルの難しいせりふや長い歌を暗記しているのに，簡単なやりとりのことばが使えないなどという子どももいます。一部には，それまで出ていた単語が2歳すぎに消えてしまうといった例もあります。

(3) 執着的・常同的な行動

こだわりと呼ばれるもので，家具の配置や日常の行動の順序などが同じでないと強い不安を示したりします。回る物が好きで換気扇を飽くことなくながめていたり，自分の頭を叩く，手の甲をかむなどの自傷行為を繰り返す等，自己刺激行為と思われるような行動を繰り返す例もあります。このような行動を無理にやめさせようとすると**パニック**と呼ばれる極端な混乱状態を示し，奇声を発したり，周囲の物や人，自分自身に対する暴力的な行動をとる場合もあります。

それぞれの特徴の現れ方や強さは子どもによってさまざまで，年齢とともに目立たなくなってくる部分も，逆に強調されてくる部分もあります。また，言語発達の遅れは知的障害の特徴でもあり，ある種の「こだわり」のようなものは健常児の幼児期にも一時的にみられることがありますから，そういった行動が直ちに「自閉症」の診断に結びつくわけではありません。また，対人関係の障害も，障害の程度と，周囲の働きかけによっては大きく改善していく場合が

図10-3　自閉症児の行動特徴（荻原，1997）

あります。

　自閉症の人の多くは知的障害をともなっていると考えられてきましたが，近年，知的障害のない人たちのなかにもかなりの割合で存在するのではないかといわれています。いわゆる**高機能自閉症**や，**アスペルガー症候群**と診断される人たちです。アスペルガー症候群の子どもたちは，言語発達に顕著な遅れがみられないため，社会的相互干渉が苦手であることや，一方的なコミュニケーション行動をとりがちであること，こだわりが強いことなどがみられても，それが自閉症の症状として理解されにくく，適切な対応をとられないままに後述する「気になる子」として対応されていることも多くあります。

　次に，自閉症について誤解されやすい2つの点について確認しておきたいと思います。第1に，自閉症は脳の障害が原因で起こった発達障害です。母親の養育態度や心理的理由で心を閉ざしたための障害ではありません。「母親の愛情が足りないと自閉症になる」などという誤解のために，ずいぶんつらい思い

をしてきたお母さんもいます。また，場面緘黙(かんもく)が自閉症と混同されている場合もありますが，両者はまったく違うものです。

　第2に，自閉症の子どものなかには優れた暗記力や，特定の領域での高い認知能力を示す者がいます。なかには，3歳くらいから漢字やアルファベットに興味を示したり，計算が得意な子もいます。そういった能力の高さに目を奪われて，また，おとなしくしているからといって1人で好きな活動ばかりに没頭させていると，乳幼児期に大切な対人関係や生活習慣を育てる機会を失うことになりかねません。長所を生かしつつ，発達全体のバランスを視野に入れながら，必要な支援を考えていくことが大切です。

3節　身体的障害

1　聴覚障害

　聴覚障害は，聴覚器官または，脳の聴覚中枢のいずれかに障害があるために，音が聞き取れない，あるいは聞き取りづらい状態です。幼児期に聴覚障害をもつことは，単純に「音が聴き取れない」というだけではなく，「話す」ことや「考えること」「コミュニケーションをとること」など，さまざまな能力の発達が障害を受けるということです。

　聴覚障害はできるだけ早期に発見し，適切な対応をとることで，二次的な障害を最小限にとどめることが大切です。難聴は，それほど多い障害ではありませんが（新生児1000人あたり5～6人），知的障害や自閉症の診断をする際にも，まず，聴覚障害の可能性を否定しておかないと，取り返しのつかない対応の誤りを犯すことになります。

　聞こえにどの程度の困難があるのかは，両耳の聴力を測定してその聴力損失値がどの程度か（聴力レベル）によって判断されます。聴力レベルは，音の強さを表す単位，デシベル（dB）で示されます（表10-2）。

　「まだ小さいから検査は無理ではないか」という理由で，難聴を心配しなが

表 10-2　世界保健機関（WHO）による分類と聞こえの状態

聴力レベル	分類	聞こえの状態
26 - 40dB	軽度難聴	日常会話に不自由しない。ささやき声や小さな話声が聞き取りにくい。
41 - 55	中等度難聴	一対一の会話なら聞き取れる。聞き違いが多くなる。
56 - 70	準高度難聴	集団活動の場での聞き取りが困難。大きな声は1m以内ならわかる。
71 - 90	高度難聴	至近距離でなければ会話語がわからない。
91 -	最重度難聴	至近距離でも会話語の聞き取りが困難または不可能。100dB以上を「ろう」と呼ぶ。

ら診断を受けなかったという例があります。しかし，「ABR（聴性脳幹反応）聴力検査装置」を使えば出生直後から短時間で難聴の有無を診断できますし，幼児の聴力検査をするためのさまざまな工夫がなされた検査装置もたくさんあります。ですから，少しでも難聴が心配される場合には，必ず一度は聴力を調べてみてほしいと思います。

2　視覚障害

　視力や視野の障害，光覚や色覚の障害，眼球運動の障害など，さまざまな見る機能全体の障害のことを**視覚障害**といいます。なかでも「視力」に障害があり，見ることが不自由または不可能になっている場合は日常生活への影響が大きく，できるだけ早期に発見し，適切な訓練や教育が行われることが不可欠です。この場合の視力とは，眼鏡やコンタクトレンズで屈折異常を矯正した場合の視力で，0.02以上0.3未満の場合を弱視者，0.02未満の場合を**盲**と呼んでいます。

　視覚障害の主な原因としては，小眼球，白内障，緑内障，未熟児網膜症などが，先天的にあるいは出生直後に発症していた場合，または病気や，事故の後遺症などがありますが，原因不明のものもあります。

　出生直後から，視覚的な刺激は子どもの心身の発達に重要な役割を果たしています。子どもをとりまく環境から視覚刺激が奪われることは，それだけでさまざまな経験の機会がなくなることでもあります。ですから，周囲のおとなは，聴覚，触覚をはじめあらゆる残存した感覚に働きかけて，できるかぎり豊かな

環境を準備し，子どもたちの発達を援助していく必要があります。スキンシップや温かい語りかけのことばを十分に与え，自分は愛されているという気持ちを保てるようにしていくことが大切です。

3　肢体不自由

　肢体とは，四肢と体幹のことをいい，人間の体の姿勢を保ったり，動いたりする体の部分のこと（脳や内臓など，体の内部の臓器は含みません）です。肢体の一部が欠損したり，自由に動かせなかったりするために，日常生活に不自由をきたしている状態が**肢体不自由**です。肢体不自由を伴う主な疾患としては，脳性まひ，進行性筋ジストロフィー症，二分脊椎，外傷性疾患（切断等）などがあります。

　このなかで，**脳性まひ**は肢体不自由の7割を占める障害で，発育途上の脳に，非進行性の病変が起こることによって，運動発達の遅れ，筋緊張の異常，姿勢の異常，などが生じます。また，原因となる脳の病変によって，多くの場合，言語障害や知的障害，けいれん発作を合併します。主な原因としては，胎内感染，低体重出生，新生児仮死，髄膜炎，出生後の頭部外傷，などがあります。

　肢体不自由児は，運動発達が全般に遅れがちです。このような運動発達の遅れは，移動や探索などの行動を制限し，さまざまな経験や学習の機会を奪ったり減少させたりすることになります。また，治療や訓練に伴う苦痛や不安などによって情緒的な安定を欠きやすく，欲求不満を生じたり，依存的になったりということもみられます。形態や，容姿にひと目でそれとわかる異常がある場合，周囲の無理解な態度や視線にさらされることは，本人にとっても保護者にとっても耐え難い苦痛です。そのために人中に出ることを避けたり，家の中に閉じこもるようなことがあれば，ますます経験の幅は狭められ，学習のチャンスを失うことになります。1人でも多くの人が，障害に対する偏見や誤解から自由になるためにも，幼児期から健常な子どもたちとともに育ち，お互いに豊かな経験ができる機会をたくさん作っていきたいものです。

4節 ことばの障害

1 ことばの障害について

「発達の障害」のなかで,最も数が多いものといえば,まちがいなく**ことばの障害**でしょう。なぜならば,「ことばの障害」は,知的障害にも,自閉症にも,聴力障害にも,運動能力障害にも伴うものであり,さらに情緒的な障害によっても起こることがあるからです。そして,「ことばの障害」がこれらのさまざまな発達障害に気づく最初のきっかけであることも多いのです。ですから,「ことばの障害」は,まず,子どもの発達全体に目を向け,その子の症状がどのような原因から起こっているのかを頭に入れながら,適切な対応を考えていく必要があります。

2 ことばの遅れ

ことばの発達に関して受ける相談のなかで最も多いのが**ことばの遅れ**です。しかし,ことばの発達の過程は非常に個人差が大きく,2歳半までひと言もことばらしきものを発しなかったのに,2歳半をすぎたとたんにあふれるようにことばを話しはじめたという例もあります。ですから,1歳台は,こちらの言ったことばがだいたい「理解」でき,指さしをしたり,声を出してコミュニケーションをとろうという意欲が育っている場合には,あまり心配せずに様子をみてもよい場合が多いのです。しかし,次のような場合には,専門の機関に相談することを勧めます。

①ことばの理解力も遅れているようだ。
②2歳半をすぎても単語が出ない,あるいは3歳をすぎてもことばの数が増えなかったり,出ていたことばが消えてしまった。
③視線が合いにくかったり,人への関心がうすい。
④よだれが多い,ころびやすい,不器用で,何となく動きがぎこちない。

⑤ことばでのコミュニケーションがとれないために，乱暴な行動が多かったり，友だちとかかわりがもてない。

3　発音の障害（構音障害）

ことばの発音のことを**構音**といいます。ことばの話しはじめは，誰でも正しく発音できない音がたくさんあります。ですから，幼児期は，赤ちゃんことばがなかなか抜けなかったり，サ行音がなかなか言えるようにならない子がいても，そのほかの全体的な発達に問題がなければ，あまり神経質にならずに様子をみたほうがよい場合も多いのです。しかし，次のような症状については，言語聴覚士のいる専門の治療機関を受診することを勧めます。

① 6歳をすぎても赤ちゃんことばが抜けなかったり，発音できない音がある。
② たくさん話すのに，発音できない音が多くてことばの意味が通じない。
③ 声が鼻に抜ける，のどに力の入ったわかりにくい発音をする。
④ 「側音」といって，息が脇からもれる歪んだ発音（イ列に多い）がある。
⑤ 本人が発音を気にして人前で話すことを嫌がる。

まちがっても，「もっとはっきり言いなさい」とか，「タカナじゃないでしょ！サ・カ・ナ！　もう一度言ってごらんなさい。サ・カ・ナ！」などと，何度も言い直しをさせるというようなことはしないで下さい。効果がないばかりか，話すことに対する苦手意識を植えつける結果になります。

4　吃音

ことばのはじめが出にくく，音を繰り返したり，引き伸ばしたり，つまったり，いわゆる「どもる」状態のことを**吃音**（きつおん）といいます。吃音は，緊張するとひどくなることや，症状に波がありよくなったり悪くなったりを繰り返す，という特徴があります。

2～3歳くらいの，まだ，流ちょうにしゃべれない時期の子どもが，吃音と似たような話し方をすることは頻繁にみられます。ですから，この時期の子どもがことばにつまったり，出だしのことばを繰り返したりする話し方をしてい

たとしても，ことばの発達の一過程であり，「吃音」という見方はしません。4歳，5歳で，最初の音を繰り返したり，引き伸ばしたりすることがみられ，かなり吃音の症状が明確化してきたように思えても，周囲が気にせず，ゆったりと成長を見守る環境があれば，成長とともに症状が目立たなくなったり，消失していく場合もあります。

　吃音の原因についてはさまざまな説があり，これといって1つに絞れるものではありません。心理的なストレスが症状を悪化させることから，情緒障害の一種と考える場合もあります。生まれつきの素因に環境の条件が加わると発症するという説もあります。

　吃音は，同じような症状を示していても，原因は1人ひとり微妙に異なっています。子どもの環境のなかで，吃音を悪化させる要因と思われる部分を改善し，子どもが積極的な生活姿勢を持てるように支援していくことが大切です。子どもが吃音に気づいていない時期は，親や，周囲の環境への働きかけが中心となり，子どもが症状を気にしはじめたら，子どもの悩みを受けとめながら，言語訓練を行うことが効果をあげる場合もあります。

　自分の吃音をまだ意識していない幼児にこれだけはしてほしくないということは次のような点です。

　①「もう一度言ってごらんなさい」と，言い直しをさせる。

　②「ゆっくり言ってごらんなさい。きっとじょうずに言えるわよ」と励ましたり，「あら，今はじょうずに言えてたじゃない」などと，常に話し方に注意を向けて評価する。

　いつも子どもの話し方を気にすることで，子ども自身が「自分の話し方はおかしいのではないか」という意識をもつことになり，そのことが吃音症状を悪化させたり，固定化させたりすることになります。子どもの話し方よりも，話したい気持ちや，伝えようとしている内容にしっかり耳を傾けて下さい。しかし，気にしまいとすればするほど気になっていくというのも人間です。ですから，子どもの吃音が気になったら，気にしまいとしながら気にし続けるよりは，ことばの相談室や児童相談所等でアドバイスを受けることがよいでしょう。

5節 そのほかの発達の障害

1 重症心身障害児

重症心身障害児とは，重度の身体障害と，重度の知的障害をあわせもち，家庭での養育，通常のリハビリテーションや教育がきわめて困難と考えられる児童に対して使われる用語です。具体的には，重度の脳障害による脳性まひに，重度の知的障害を伴うものが最も多く，半数以上を占めています。けいれん発作や，摂食障害の合併症も多く，医学的な措置が不可欠です。重症心身障害児施設には病院として必要な職員が配置されているほか，児童指導員，保育士，臨床心理士，理学療法士，作業療法士が配置され，さらに養護学校の教員などが協力してかかわることになります。

重症心身障害児への取り組みには以下の5つの視点が大切です。

①健康への配慮と取り組み。
②自発的な動きへの注目と働きかけ。
③対人・コミュニケーション行動の促進。
④探索活動の促進。
⑤表現活動の理解と促進。

生命活動の保持が最優先される重症心身障害児の支援にあたって，保育者の役割は，それぞれの子どもの発達の可能性に目を向け，子どもたちの表現することを敏感に読み取り，日常生活の充実を図ることです。

2 気になる子

近年，幼稚園や保育所等の保育の場で「**気になる子**」について，さまざまな報告や取り組みがなされるようになってきています。たとえば，行動をみていると，知能に大きな遅れはなさそうだし，一方的ではあるけれどもよくおしゃべりをするし，もちろん目や耳にも異常はなさそうなのに，どうも落ち着きが

なかったり，友だちと遊べなかったり，自分勝手な行動が多いという子どもがいます。こういう子どもをみていると，全体としてほぼ正常範囲の発達を遂げていながら，ある部分の発達に遅れがみられる「発達の偏り」をもつ場合が多いようです。例にあげたような子どもは自己コントロールや対人関係の力が未熟で，いわゆる社会性の遅れが認められます。

こういった子どものなかには，後に高機能自閉症，アスペルガー障害，**ADHD**（注意欠陥多動性障害），LD（学習障害）と診断される子どもが含まれていると思われます。

このような事例では，あきらかな全体的発達の遅れが認められるわけではないので，問題行動の原因は，しつけや社会経験の不足によるものと誤解されることがあります。4歳児で入園して，半年たっても，1年たっても，自律的な行動がまったくとれず，社会性の遅れや，問題行動が目立つようだと，おそらくは中枢神経系に何らかの障害があると推定できます。

集団への不適応，即「障害児」というとらえ方をすることは慎まなければなりませんが，気になる子どもについて，発達の状態を分析的にとらえ，問題行動の原因が，場合によっては中枢神経系にある可能性についても検討し，専門の相談機関の利用を視野に入れた対応を考えることは大切です。そういった見方をもっていることが，子どもに対して過大な努力を強いたり，一方的に家庭での対応や親の無理解を責めたりという過ちを防ぐことにもつながります。

また，一方で，「虐待」によって発達障害と似たような社会性や対人関係の症状が起きるということも指摘されています。被虐待児には，注意の集中の困難や多動傾向が高頻度でみられるというのです。「育てにくさ」が虐待を誘発する場合も，虐待によって「自己コントロールの難しさ」が深刻化する場合もあり，どちらが原因で，どちらが結果と簡単にはいえない関連性があるようです。子どもたちの「気になる行動」の原因はさまざまですが，対応の基本は，人との温かい関係を築けるように，家族も含めた支援を行っていくことです。

コラム 12

◆ 落ち着きのない子 ◆

「オヘヤヤナノ，タナカセンセ，タナカセンセ」と言いながら，職員室にアキラ君が飛び込んできました。出窓の上に飛び乗って外の様子を確認し，来客用のソファの上で数回ジャンプ。内線電話を耳にあててボタンを押そうとしているところで，大好きな事務の先生につかまりました。くすぐられたり，抱っこされたり，ワープロをいたずらしたりしてしばらく遊んでいると，担任の先生が「お外で遊んでもいいよー」と迎えに来ました。

入園当初，アキラ君は勝手に門を開けて園外に出ようとしました。門には鍵がかけられました。次にアキラ君は，職員通用口の自動ドアから外の道に出られることに気がつきました。危うく飛び出しそうになっているところを園長先生が抱き留めました。自動ドアはスイッチが切られ，子どもの力では開閉できない状態になりました。その後も塀を乗り越えようとしたり，駐車場との境界の柵のわずかな隙間から外に出たり，知恵比べはしばらく続きました（おかげで幼稚園の安全体制は万全に整いました）。

アキラ君は年中児で5歳になりました。知的に大きな遅れはないものの，自己コントロールの力や社会性の発達が未熟で，注意の集中が難しく，極端に落ち着きがありません。おそらく ADHD（注意欠陥多動性障害）と呼ばれるタイプの子どもと思われます。ADHD は，中枢神経系の働きに何らかの異常が疑われ，自己統制力が年齢相応に身につかず，注意集中困難，多動，衝動性などが目立つ発達障害です。こういった子どもは，学校や幼稚園のような集団生活の場では，とくに適応上の問題を起こしやすいようです。「安全を保証できない」という理由で入園を断られる場合もあります。たしかに ADHD の子どもを集団生活のなかで預かるとしたら，相当の覚悟と配慮と，園全体の協力体制が必要です。

入園から1年たっても，アキラ君はあいかわらずじっとしていることは苦手で，保育室を抜け出しているようですが，門の鍵は必要なくなりました。自分の居場所としての幼稚園をやっと受け入れられるようになったのです。帰りの会のときには必ず着席して紙芝居を読んでもらうのを楽しみにしています。

（石井正子）

第 11 章

発達の診断と発達検査

　保育所の庭で，子どもたちが外遊びをしています。砂遊びに夢中な子，ブランコの順番待ちをしている子，追いかけっこをしている子どもなど，元気いっぱいに遊んでいる子どもたちがいる一方，隅のほうでしゃがんでいる，気になる子どももいます。「友だちと遊ぶのが好きではないのだろうか？」「この子に何か問題があるのだろうか？」と思ったりします。しかしこれは見た人の主観にすぎません。子どもの状態を正しく理解するためには正確な査定が行われることが不可欠です。
　本章では，主に乳幼児を理解するための発達の診断と発達検査ということについてみていきたいと思います。

1節 発達の診断

1 発達の標準と個人差

　発達の過程がどの子にも同じようにみられるわけではありません。もちろん，人間として共通した一面があるのですが，1人ひとりについてみると，身体面でも精神面でも，それぞれに違った特徴をもっています。このような個人差は生後間もない新生児期からみられ，その後にも発達の様子の違いとして現れます。

　発達の個人差が大きい場合，そのうちのどこまでを個人差の範囲に入れ，どこからを逸脱していると考えるかはとても難しい問題です。一般的には統計的にその年齢の平均値だとされている数値からのずれがどの程度大きいかということを基準に考えます（図11-1）。しかし，こうした量的な差以外に，発達の具体的な様子や，周囲の人々の受けとめ方，またそれがどのような支障をもたらすのかなどによっても左右されます。

2 発達診断とアセスメント

　子どもに何かの発達的なつまずきや障害が疑われるときには，それを早い時

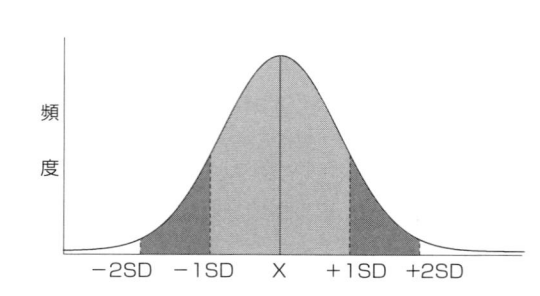

Xは平均値，SDは標準偏差（データの散らばり）を示します。この曲線は，データの68%が平均値±1SDの範囲に，約95%が平均値±2SDの範囲内にあることを示します。±2SD以内に入る数値を正常範囲と考えるのが一般的です。例として，平均知能指数が100で標準偏差が15のとき，68%の人々は85から115の得点範囲内にいます。同様に，約95%の人々は70から130の得点範囲内にいます。

図11-1　正規分布曲線

期に明らかにするほど治療も施しやすく，また問題がより複雑になる前に対策を講じることが可能になります。この場合の問題とは，たとえば，「ことばが出ない」「落ち着きがない」といった日常生活場面における子どもの状態や行動の異常に気づくことからはじまります。

現在の日本では，**1歳6カ月健診**や**3歳児健診**など保健所における大まかな発達の診断と指導の体制がとられていて，比較的早期から発達的問題の発見が可能となっています。また，幼稚園，保育所などの集団生活をはじめてから保育者によって指摘されることもあります。このようにして見いだされた発達的問題について，養育者はその原因や意味，育児法について専門家から指導を受けることが必要です。そのためにまず最初に行われるのが**発達診断**です。

ところで，「診断」ということばは医学の領域から誕生したもので，この用語にはきわめて厳しい意味が含まれていますが，「発達の診断」にはそれほどの厳しさは感じられません。それは，医学的診断がもっぱら病理現象を対象とするのに対して，発達診断には健康な部分の査定が広く含まれているからともいえます。このようなことから，近年，診断に代わって**アセスメント**という用語が多く使われるようになってきました。

発達のアセスメントの目的は，子どもの発達の様子を心理学的な方法によって総合的に把握することです。症状などの否定的な面ばかりではなく，健康な面や成長の可能性にも注目して臨床的な働きかけに必要な情報を集めます。具体的には，器質的な病気がないかどうか，心理療法が有効であるかどうかを判断したり，今後の予測を立てたり，それまでの指導の効果を判定したりするために，その子どもについての多角的な情報が必要となります。

3　行動観察と心理検査による診断

子どもの発達には身体的，心理的，環境的要因が相互に深くかかわりあっています。したがって，発達のアセスメントを行うにあたっては全人格的な観点からその子どもについて把握することが大切です。その際に，評価の重要な資料となるのは，子どもの日常の様子についての報告と，養育者から得られた家

族や生育史に関する情報です。これに加えて，専門家によって行われる行動観察や発達検査は，これらの情報からは知りえない発達の側面を浮きぼりにすることができると同時に，子どもや養育者から得られた膨大な量の情報に一定の客観的枠組みを設定するものとして機能します。

a　行動観察

行動観察法は子どもを理解するための最も基礎的な方法だということができます。プレイルームなどの定められた場所で観察が行われる場合もありますし，できるだけ子どもの日常の姿を把握することを目的として観察者が家庭や園に出向いて観察を行うこともあります。観察者とプレイルームでゲームをしたり，ボール遊びをしたり，あるいはままごと遊びをしているなかで，観察者の働きかけに対する子どもの反応のしかたをみることが可能となります。また，同年齢集団のなかでどのようにすごしているかを観察することは，1対1ではわからない，養育者でも知らない豊かな情報を提供してくれます。行動観察は，心理検査への導入として，子どもの不安や緊張をやわらげる手段としても用いられます。

b　心理検査

心理検査は，上述したような自由な行動を観察するのとは反対に，一定の条件や課題を与えてそれに対する検査対象者の反応から検査対象者を理解していこうとするものです。心理検査には，発達の状態を評価することを目的としたものや，性格をみるためのもの，そのほかに，社会性，親子関係をみるものなど，さまざまなものがあります。また，検査の形式にも，質問紙法と投影法，個別検査と集団検査などの違いがあります。

　行動観察，心理検査，いずれを施行する場合においても，検査者は子どものささいな行動や表情を見逃さないように注意し，正確に記録していくことが大切です。

2節 発達検査

1 発達検査

発達検査とは，子どもが正常な心理的発達の過程をたどって順調に成長しているかどうかを調べることを目的として作られた検査のことをいいます。就学以降の子どもの発達を評価するためには**知能検査**が行われるのが一般的ですが，乳幼児期の発達初期の様相をこれでとらえることは難しいとされています。乳幼児では，心理的側面，身体・運動的側面，社会的側面の発達は未分化で，問題解決能力を中心とする知能のみを単独で測定することは困難だからです。

また，多方面にわたる発達を全体として，総合的に把握するほうが，年少児の場合には有益だと考えられています。そのために，運動，言語，認知，生活習慣などの発達を多面的に盛り込んだ各種の発達検査が開発されてきました。以下にわが国でよく用いられている発達検査を紹介します。

a 遠城寺式乳幼児分析的発達検査法

この検査では，乳幼児の発達について移動運動，手の運動，基本的生活習慣，対人関係，発語，言語理解の6領域におよぶ機能を分析的に評価することができます。0歳から4歳8カ月まで利用でき，検査法も簡便で発達の度合いを容易に把握できます。検査表は折れ線グラフで表示でき，養育者にも説明しやすいものです（表11-1）。

b 乳幼児精神発達診断法（津守・稲毛）

この発達診断法は，0歳から7歳の子どもの日常生活にあらわれるままの行動を集めて標準化の手続きにしたがって整理したものです。運動，探索・操作，社会，食事・生活習慣，言語の領域に分け，438の項目からなっています。0歳から7歳までの子どもを対象として，養育者に日常生活場面での行動の様子を問う質問紙に記入してもらいます。質問紙には，1～12カ月，1～3歳，および3～7歳用の3種類があります。特別な検査用具を必要としないので実施

表 11-1　遠城寺式乳幼児分析的発達検査表（九大小児科改訂版）（遠城寺, 1967）

第11章 ◆ 発達の診断と発達検査

表11-2 乳幼児精神発達診断法の発達輪郭表（3〜7歳）(津守ほか, 1965)

▶表中の小数字は各検査項目の番号を，左端の大数字は相当する検査項目が意味する発達月例を示す。各領域の項目の合否について○△×を表中に記入することにより，どの発達段階に属する項目ができないかを知ることができる。また各領域の合格項目数（○と△の和）を数え，それに相当する項目番号を領域ごとにプロットし，線で結ぶと，子どもの全体的な発達のバランスを知ることができる。

が簡単ですし，その場に子どもがいなくてもできるという利点があります。また，観察場面が限定されず，その時々の子どもの状態に左右されることなく普段の行動にもとづいて判断することができます。反面，養育者の過大・過小評価の影響を受けやすく，主観的になりやすいということもあります。結果は，各項目の可否を領域ごとに点数化して発達輪郭表に記入することによって，発

達の5つの領域で分析的に知ることができるようになっています（表11-2）。

c　新版K式発達検査2001

この検査は，0歳から成人までを対象として，検査者が検査対象者と対面して行う発達検査です。姿勢・運動，認知・適応，言語・社会の3つの領域に分けられた検査項目全328項目からなっています。これらの検査項目は既存の多数の発達検査や知能検査の項目を参照して作成されているため，発達検査でありながら知能検査の機能をもあわせもっているといえます。検査結果は，3つの領域と，それらを合計した全領域についての**発達年齢（DA）**と**発達指数（DQ）**によって表されます（図11-2）。

d　その他の発達検査

上の3つの発達検査は健診や相談，さらに保育・教育機関で広く用いられていますが，このほかにも，同じように発達の診断を目的とした改訂日本版デンバー式発達スクリーニング検査，日本版ミラー幼児発達スクリーニング検査，KIDS乳幼児発達スケールなどがあります。

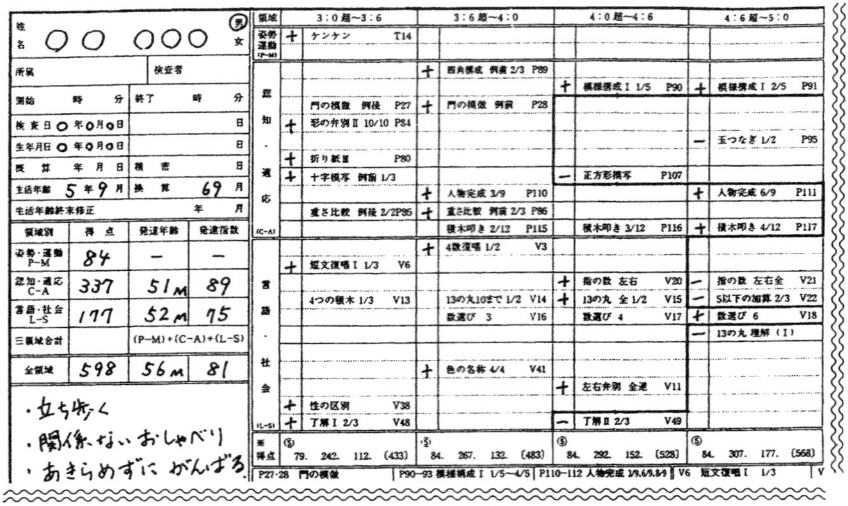

図11-2　新版K式発達検査2001の検査用紙（小野ほか，2007）

2 知能検査

知能検査を施行することが可能な年齢の子どもには，この検査の結果が発達の診断を行うための重要な情報となります。知能検査の原型は，20世紀のはじめにフランスのビネーが精神発達の遅れた子どもを鑑別する目的で発表したものだといわれています。その後，アメリカでさかんに行われるようになり，軍人の選抜用の検査にも用いられました。その後も，スタンフォード・ビネーやウェクスラー・ベルビュー知能尺度などが開発されて広く使われるようになりました。わが国においても，ビネー式，ウェクスラー式のそれぞれの日本版が標準化され，広く活用されています。

a 田中ビネー知能検査V

この検査はわが国で使われている**ビネー式**検査の代表的なもので，2歳から成人に至るまで，それぞれの年齢の人の大部分から正答が得られる問題を難易度の低い順に並べた検査です（図11-3）。検査内容は，思考，言語，数量，知覚などの問題から構成されています。2〜13歳までの検査対象者の検査結果は，問題をどこまで正しく答えられるかによって得点化して**精神年齢（MA）**を換算し，次の式を用いて**知能指数（IQ）**を算出します。

知能指数（IQ）＝精神年齢（MA）／生活年齢（CA）× 100

上記の式を見てわかるとおり，精神年齢（MA）が生活年齢（CA）と等しい場合に知能指数（IQ）は100となり，精神年齢（MA）が生活年齢（CA）を上回っている場合は知能指数（IQ）が100以上になります。このようにして算出されたIQは，生活年齢に比して知能の発達がどの程度進んでいるか，遅れているかという発達の指標となります。

図11-3 田中ビネー知能検査V 2003「属性による物の指示」（田研出版）

14歳以上の検査対象者には精神年齢を算出することにあまり意味がないことから，**偏差知能指数（DIQ）**が用いられます。ただし，14歳未満でも，同年齢集団内での相対評価も得られるようにDIQも算出できるように工夫されています。検査時間もあまりかからずに知能指数を出すことができる点が便利で，文部科学省の特別支援教育該当者の判定基準にも合致する道具として教育相談，医療相談などさまざまな分野で幅広く活用されています。

b ウェクスラー式知能検査

1950年代に入ってからビネー式にかわる革新的なものとして**ウェクスラー**の知能検査がアメリカで普及しはじめ，まもなく日本でも標準化されました。対象者の年齢に合わせて，**WPPSI**（3歳10カ月〜7歳1カ月），**WISC－Ⅲ**（5歳0カ月〜16歳11カ月），**WAIS－Ⅲ**（16歳0カ月〜89歳）があります。いずれの検査も基本的な構造は同じで，WISC-Ⅲを例にとると検査内容は，知識，類似，算数，単語，理解，数唱の下位検査からなる言語性検査と，絵画完成，符号，絵画配列，積木模様，組合せ，記号探し，迷路の下位検査からなる動作性検査で構成されています（表11-3）。

表11-3 WISC－Ⅲの下位検査 (日本文化科学社)

	下位検査	問題総数	実施順序	項目の型
言語性検査	知識	30	2	・質問にそって，一般事実を答える。
	類似	18	4	・2つの概念について，その同じ点を高次の概念を用いて説明する。
	算数	24	6	・口頭で表現された問題を聴いて，それに答える。
	単語	30	8	・語彙について定義する。
	理解	17	10	・実際的な判断常識を必要とする質問に答える。
	数唱	15	12	・聞いた数字をその通り，あるいは逆の順で言う。
動作性検査	絵画完成	29	1	・不完全な絵を見て，欠けた部分を指摘する。
	絵画配列	14	5	・ばらばらな絵を，話の順に並べかえる。
	積木模様	12	7	・積木でデザインされている絵を見て，色のついた積木でそれと同じデザインをつくる。
	組合せ	5	9	・順不同に並べられた「はめ絵」から，もとの形をつくる。
	記号探し	A45 / B60	11	・左側にある刺激記号が，右側の記号グループにあるかどうかを判断する。
	迷路	8	13	・迷路の中央部分から出口まで，鉛筆で線を引いていく。
	符号	A59 / B119	3	・幾何図形と数字が対になっている見本を見て，各図形に合う数字を見つけて空欄に入れる。

ウェクスラー式の検査では，下位検査の課題ごとにそれぞれの能力が基準集団とくらべてどの程度であるかというようなことや，全体のバランスをプロフィールでみることができるようになっています（図11-4）。プロフィールは個人の知的機能にどのようなばらつきがあり，具体的にどの機能が強いか弱いかを知るのに役立ちます。また，全体の知能指数を算出するだけではなく，言語性知能指数と動作性知能指数の得点をそれぞれ別に算出できるようになっています。そのため，運動機能障害や聴力・言語障害をもつ子どもにもどちらか一方の検査を適用して測定結果を得られるという利点があります。

c　K-ABC 心理・教育アセスメントバッテリー

K-ABC は心理学的観点と教育的観点の両面からアセスメントを行い，検査結果を指導に生かせるように作成されている点に特徴があります。継次処理尺度，同時処理尺度，認知処理過程尺度，習得度尺度の4尺度から構成されており，問題を解決して情報を処理する能力（認知処理過程）と習得された知識（習得度）とを明確に区別して評価するようにできています。2歳6カ月から12歳11カ月までの子どもに適用されますが，14の下位検査のうち実施するものは年齢によって少し異なります（図11-5）。不得意な下位検査や各尺度間の差を比較することによって学習障害やその他の学習困難のタイプを明らかにして，1人ひとりの子どもに適した教育的働きかけの方向性を示すことができます（図11-6）。

3　そのほかの心理検査

ビネー式知能検査やウェクスラー式知能検査は，子どもの知的能力を総合的にとらえることを目的としているために質問数が多く，飽きがきて子どもによっては継続することが困難になる場合もあります。また，知能検査を行う過程で子どもの能力のある側面に問題を感じて，そのことをより詳しく確認したいということもあるかもしれません。もともと，言語能力や運動能力などの特定の能力についてだけ確認したいという場合もあります。さらに，その子どもの知的な能力ばかりではなく，親子関係や社会性の発達も把握することがその

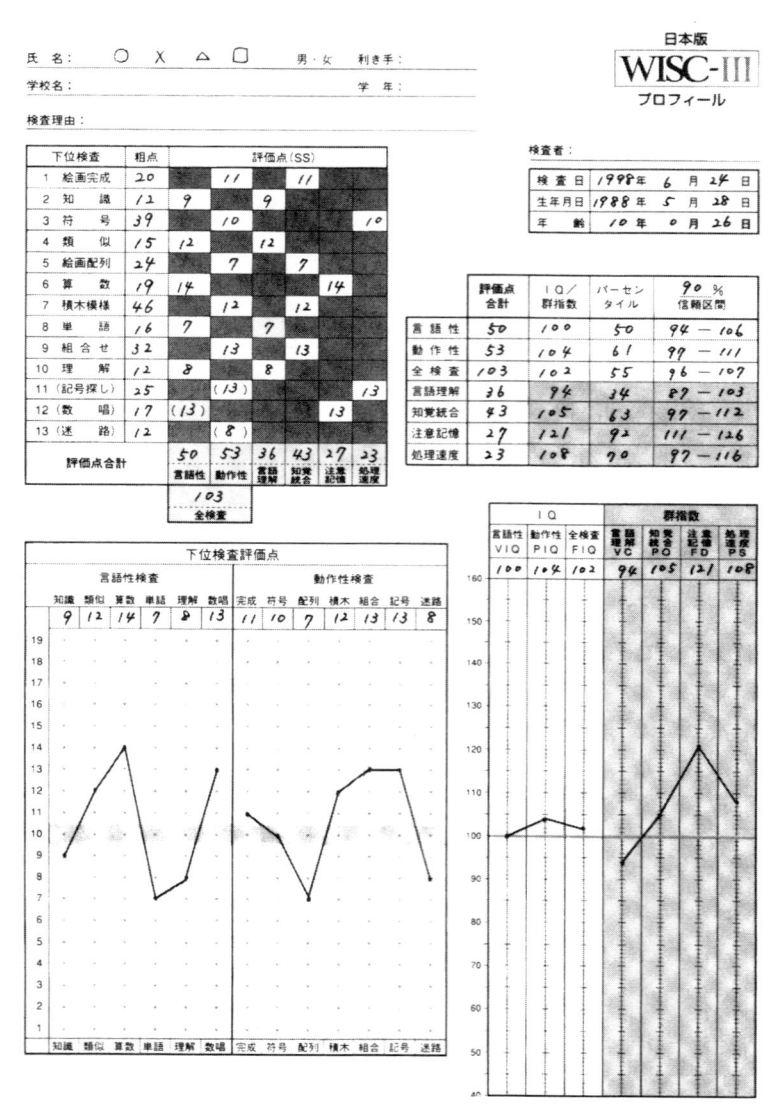

図11-4 WISC-Ⅲのプロフィール（日本文化科学社）

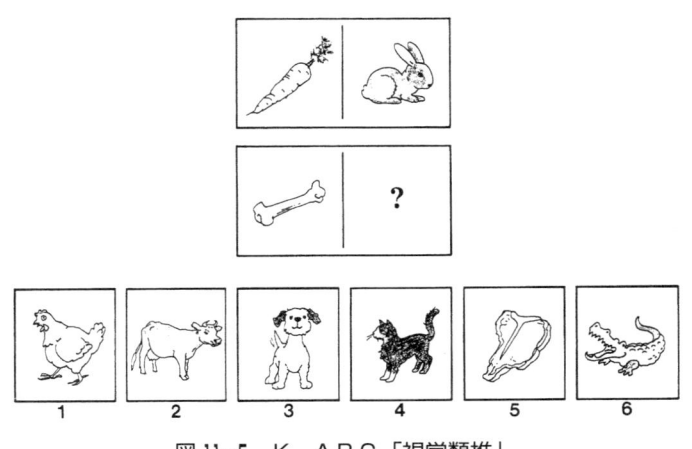

図11-5　K-ABC「視覚類推」

子どもにとってよりよい援助につながるということもあります。次に紹介する検査はこのようなときに、知能検査とあわせて施行したり、あるいは単独で施行することができるものです。

a　ことばのテストえほん

この検査のねらいは、短時間の個別面談を通じて、言語に障害をもっている幼児、あるいはその疑いがもたれる子どもを選別し、障害をもっている場合にはそれがどういう種類のものであるかを大まかに判別することです。検査は、①ことばの理解テスト、②ささやき声を聞き分けるテスト、③発音テスト、④表現能力のテストの4つの下位テストで構成されています。

b　親子関係診断テスト

親に質問紙に記入してもらうことにより、親の養育態度を、拒否、支配、保護、服従、矛盾不一致等の5領域10型から診断し、親子関係の改善に役立てるテストです。親が記入する質問紙は幼児より高校生まで、子どもが記入する質問紙は小学4年より高校生までのものがあります。

c　新版S-M社会生活能力検査

社会生活能力を構成する、①身辺自立、②移動、③作業、④意志交換、⑤集

子供の名前	○○ 花子		男・㊛	
所属	○○ 小学校		検査者氏名	○○
保護者氏名	○○ 太郎		検査年月日	1993年11月30日
住所	○○市○○町1-1		生年月日	1985年8月10日
	01-111-111		生活年齢	8年3月20日
検査場所	○○教育相談所			
検査依頼者	○○ 太郎			

認知処理過程尺度 平均=10 標準偏差=3

	粗点	評価点 継次処理	評価点 同時処理	評価点 非言語性	パーセンタイル順位	S or W (強or弱)	その他の情報
1. 魔法の窓							
2. 顔さがし							相当年齢
3. 手の動作	13	10			50		8歳0ヵ月
4. 絵の統合	14		9		37		7歳6ヵ月
5. 数 唱	9	7			16	W 1%	6歳0ヵ月
6. 模様の構成	10		11		63		8歳6ヵ月
7. 語の配列	15	14			91	S 1%	13歳0ヵ月以上
8. 視覚類推	11		9		37		7歳9ヵ月
9. 位置さがし	11		10		50		8歳3ヵ月
評価点合計		31	39		継次+同時=認知処理		70

習得度尺度 平均=100 標準偏差=15

	粗点	標準得点±測定誤差 90%信頼水準	パーセンタイル順位	S or W (強or弱)	その他の情報
10. 表現ごい		±			相当年齢
11. 算 数	23	98 ± 8	45		8歳0ヵ月
12. なぞなぞ	21	108 ± 11	70		9歳3ヵ月
13. ことばの読み	25	117 ± 7	87	S 5%	9歳0ヵ月
14. 文の理解	14	104 ± 8	61		8歳6ヵ月
標準得点合計		427			

総合尺度 平均=100 標準偏差=15

	下位検査得点合計	標準得点±測定誤差 90%信頼水準	パーセンタイル順位	その他の情報
継次処理尺度	31	102 ± 9	55	
同時処理尺度	39	99 ± 8	47	
認知処理過程尺度	70	100 ± 7	50	
習得度尺度	427	109 ± 5	73	
非言語性尺度		±		

総合尺度間の比較 >・=・<で表記 ( )内は有意水準

継次処理 = 同時処理 (有意差:(=), 5%, 1%)
同時処理 = 習得度 (有意差:(=), 5%, 1%)
継次処理 = 習得度 (有意差:(=), 5%, 1%)
認知処理 = 習得度 (有意差:(=), 5%, 1%)

所要時間 53 分

図11-6 K-ABC記録用紙 (松原ほか, 2007)

団参加，⑥自己統制の6領域130項目からなる質問紙検査で，子どもの日常生活の状況をよく理解している親や担任教師が記入します。この能力は知能の程度によって規定される面もありますが，主に社会環境のなかで学習によって獲得されるもので，学習の機会が与えられないと身につきません。全体の社会生活指数だけではなく，6領域のプロフィールから，指導の手がかりとなる全人的な発達像が得られます（図11-7）。

d グッドイナフ人物画知能検査

この検査は，幼児，小学校低学年，ならびに身体障害児を対象に，主として動作性の知的発達水準を測定するものです。施行方法は簡単で，子どもに人物像を1人描かせ，人物像の部分がどれくらい明細化されているかなどによって精神年齢と知能水準を測定します。人物画は幼児が自発的に好んで描くため，検査課題に乗せやすいという利点があります（図11-8）。

4 テストバッテリー

検査は単独で用いるよりもいくつかの種類の異なるものを組み合わせて用いるほうが子どもの全体像を把握するためには有効です。単一の検査では，限ら

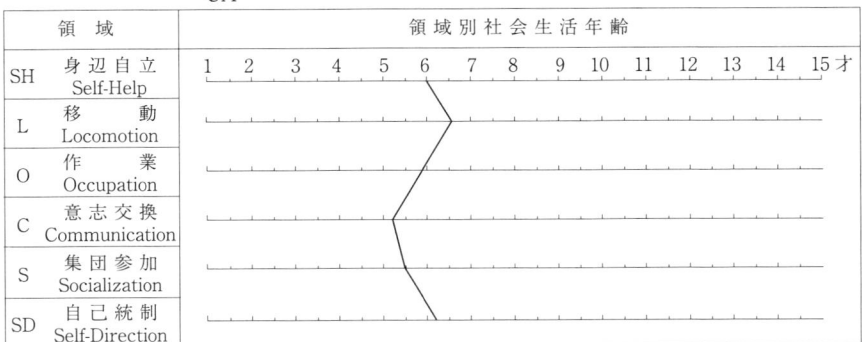

社会生活指数（SQ）＝$\frac{SA}{CA}×100$

領域	領域別社会生活年齢
SH 身辺自立 Self-Help	
L 移動 Locomotion	
O 作業 Occupation	
C 意志交換 Communication	
S 集団参加 Socialization	
SD 自己統制 Self-Direction	

領域別SAのプロフィール欄への記入

図11-7 新版S-M社会生活能力検査（三木，1980）

No	項目	要領
1 + −	頭 (1) 	頭が描いてあれば，どんな形でもよい。頭の輪郭がなければ点にならない。
2 + −	眼 (7a) 	一つでも二つでも眼が描いてあればよい。眼らしいものでもよい。
3 + −	胴 (4a) 	胴があること，どんな形でもよい。横についていてもよい。
4 + −	脚 (2) 	脚があること。2本あることが必要。2本が密着していることがはっきりしているときは4本でもよい（2本以上4本以下）。
5 + −	口 (7c) 	どんな形でも，また場所はどこでも，口が描いてあること。
6 + −	腕 (3) 	腕があること。2本あることが必要。指はなくてもよい。
7 + −	毛髪A (8a) 	髪の毛がどんな形でもあればよい（1本でもよい）。
8 + −	胴の長さ (4b) 	胴の長さが幅より大きいこと。両者が同じでは点にならない。また輪郭がなくてはいけない。縦・横の最長部で比較する。
9 + −	鼻 (7b) 	鼻が描いてあること（鼻孔のみのときも＋。したがってNo.9およびNo.44共に＋）。
10 + −	腕と脚のつけ方A (5a) 	腕と脚のつけ方がほぼ正しいこと。すなわち両脚両腕が胴から出ている（胴から出ていればよい）。

（ ）の中の記号はGoodenoughによるもの

図11-8 グッドイナフ人物画知能検査得点表（小林,1977）

れた能力や特性しか判断できないからです。そこで心理アセスメントの目的に合った複数の心理テストを選択して**テストバッテリー**（検査の組み合わせ）を組むことになります。どのテストにも長所と短所があります。これまでにみたように，行動観察は直接子どもとふれあうことができますが，判断が主観的になりがちです。知能テストや質問紙法で得られる情報は断片的なものですが，より客観的で信頼性，妥当性があるという利点があります。心理テストはそれ自体が子どもに負担を与えるものであるため，テストバッテリーはアセスメントに必要十分な情報を引き出せる最小単位の検査で組まれることが重要です。

|引用・参考文献|

第1章
新井邦二郎(編)　1997　図でわかる発達心理学　福村出版
藤永　保(編)　1992　現代の発達心理学　有斐閣
藤永　保　1995　発達環境学へのいざない　新曜社
川上清文　1992　胎児期　東　洋・繁多　進・田島信元(編集企画)　発達心理学ハンドブック　福村出版
大日向達子・並木　博・福本　俊・藤谷智子・向井敦子・石井富美子　1992　発達心理学　朝倉書店
ポルトマン, A.　1951　高木正孝(訳)　1961　人間はどこまで動物か　岩波書店
白井　常　1968　発達　八木　冕(編)　心理学Ⅱ　培風館
田島信元・西野泰広・矢澤圭介(編)　1985　子どもの発達心理学　福村出版
多田　裕　1992　胎児期の発達　高橋道子(編)　胎児・乳児期の発達(新・児童心理学講座2)　金子書房
田島信元　2009　発達心理学からの子育て支援　繁多　進(編)　子育て支援に活きる心理学　新曜社
Willerman, L., Broman, S. H. & Fielder, M. F. 1970 Infant development, preschool IQ and social class. *Child Development*, **41**, 69-77.

第2章
Campos, J. J., Langer, A. & Krowitz, A. 1970 Cardiac responses on the visual cliff in prelocomotor human infants. *Science*, **170**, 196-197.
Chi, M. T. H. 1978 Knowledge structures and memory development. In R. Siegler (Ed.), *Children's thinking: What develops?* Lawrence Erlbaum Associates.
コール, M.　1996　天野清(訳)　2002　文化心理学——発達・認知・活動への文化歴史的アプローチ　新曜社
Condon, W. S. & Sander, L. W. 1974 Synchrony demonstrated between movements of the neonate and adult speech. *Child Development*, **45**, 456-462.
Fantz, R. L. 1961 The origin of form perception. *Scientific American*, **204**, 66-72.
Flavell, J. H., Friedrichs, A. G. & Hoyt, J. D. 1970 Developmental changes in memorization processes. *Cognitive Psychology*, **1**, 324-340.
深津時吉・会津 力・小杉洋子　1998　発達心理学　ブレーン出版
Gibson, E. L. & Walk, R. D. 1960 The "visual cliff." *Scientific American*, **202**, 64-71.
羽生義正・鈴木順和・栗山和宏　1983　学習・記憶　山本多喜司(編)　児童心理学図説　北大路書房
平出彦仁(編)　1988　発達心理学序説　八千代出版
加藤紀子(編)　1997　生涯発達へのアプローチ　宣協社
加藤紀子・漁田俊子・佐藤信雄・奥平洋子・西方　栄　1990　乳幼児心理学　東京教科書出版
川上清文・内藤俊史・藤谷智子　1990　図説乳幼児発達心理学　同文書院
マウラ, D. & マウラ, C.　1988　吉田利子(訳)　1992　赤ちゃんには世界がどう見えるか　草思社
Meltzoff, A. N., & Borton, R. W. 1979 Intermodal matching by human neonates. *Nature*, **282**,

403-404.
Moely, B. E., Olson, F. A., Halwes, T. G. & Flavell, J. H. 1969 Production deficiency in young children's clustered recall. *Developmental Psychology*, 1, 26-34.
村田孝次　1990　児童発達心理学　培風館
無藤　隆・高橋恵子・田島信元　1990　発達心理学入門Ⅰ——乳児・幼児・児童　東京大学出版会
Salapatek, P. 1975 Development in infancy: Speculations for the future. *PsycCRITIQUES*, 20, 865-866.
佐々木正人　1992　記憶　東　洋・繁多　進・田島信元(編集企画)　発達心理学ハンドブック　福村出版
佐藤公治　1992　発達初期の知覚・認知理論の展開　東　洋・繁多　進・田島信元(編集企画)　発達心理学ハンドブック　福村出版
下條信輔　1988　まなざしの誕生——赤ちゃん学革命　新曜社
Spelke, E. S. 1979 Perceiving bimodally specified events in infancy. *Developmental Psychology*, 15, 626-636.
Tobin, J., Hsueh, Y. & Karasawa, M. 2009 *Preschool in three cultures revisited: China, Japan, and the United States.* University of Chicago Press.
内田伸子・臼井　博・藤崎春代　1991　乳幼児の心理学(ベーシック現代心理学2)　有斐閣
Yussen, S. R. & Levy, V. M. 1975 Developmental changes in predicting one's own span of short-term memory. *Journal of Experimental Child Psychology*, 19, 502-508.

第3章

Ainsworth, M. D. S. 1967 *Infancy in Uganda.* The Hopkins Press.
Ainsworth, M. D. S. & Bell, S. M. 1970 Attachment, exploration, and separation: Illustrated by the behavior of one-year-olds in a strange situation. *Child Development*, 41, 49-67.
Ainsworth, M. D. S. & Bowlby, J. 1991 An ethological approach to personality development. *American Psychologist*, 46, 331-341.
蘭香代子　1989　母親モラトリアムの時代　北大路書房
ボウルビィ，J.　1969　黒田実郎ほか(訳)　1976　母子関係の理論Ⅰ——愛着行動　岩崎学術出版社
ボウルビィ，J.　1980　黒田実郎ほか(訳)　1981　母子関係の理論Ⅲ——愛情喪失　岩崎学術出版社
Bowlby, J. 1988 *A secure base : Parent-child attachment and healthy human development.* Basic books.
Brazelton, T. B., Kozlowski, B. & Main, M. 1974 The origins of reciprocity in mother-infant interactions. In M. Lewis & L. A. Rosenblum(Eds.), *The effect of the infant on its caregiver.* Wiley.
Condon, W. S. & Sander, L. W. 1974 Synchrony demonstrated between movements of the neonate and adult speech. *Child Development*, 45, 456-462.
ダン，J.　1977　古澤頼雄(訳)　1979　赤ちゃんときげん　サイエンス社
藤生英行　1991　現代の家族とは　川島一夫(編)　図でよむ心理学　発達　福村出版
繁多　進　1987　愛着の発達——母と子の心の結びつき　大日本図書
繁多　進・青柳　肇・田島信元・矢澤圭介(編)　1991　社会性の発達心理学　福村出版
ハーロウ，H. F. & メァーズ，C.　1979　梶田正巳ほか(訳)　1985　ヒューマンモデル——サルの学習と愛情　黎明書房
Hazan, C. & Shaver, P. 1987 Conceptualizing romantic love as an attachment process. *Journal of Personality and Social Psychology*, 52, 511-524.

Kaye, K. 1977 Toward the origin of dialogue. In H. R. Schaffer(Ed.), *Studies in mother-infant interaction*. Academic Press.
数井みゆき・遠藤利彦(編著) 2005 アタッチメント——生涯にわたる絆 ミネルヴァ書房
クラウス, M. H. & ケネル, J. H. 1976 竹内 徹ほか(訳) 1979 母と子のきずな 医学書院
小林 登・石井威望・高橋悦二郎・渡辺富夫・加藤忠明・多田 裕 1983 周生期の母子間コミュニケーションにおけるエントレインメントとその母子相互作用としての意義 周産期医学, 13, 1883-1896.
小嶋秀夫(編) 1989 乳幼児の社会的世界 有斐閣
Kreppner, K., Paulsen, S. & Schuetze, Y. 1982 Infant and family development: From triads to trends. *Human Development*, 25, 373-391.
久保田まり 1995 アタッチメントの研究——内的ワーキング・モデルの形成と発達 川島書店
ラム, M. E. 1980 黒岩 誠(訳) 1986 2歳までのアタッチメントの発達 ペダーセン, F. A.(編) 依田 明(監訳) 父子関係の心理学 新曜社
ローレンツ, K. 1960 日高敏隆(訳) 1983 ソロモンの指環 早川書房
Main, M. & Goldwyn, R. 1988 *An adult attachment classification system*. Unpublished manuscript, Univ. of California, Dept. of Psychology, Berkeley. (In Bertholomew, K. & Horowitz, L. M. 1991).
Main, M. & Kaplan, N. & Cassidy, J. 1985 Security in infancy, childhood, and adulthood: A move to the level of representation. In I. Bretherton & E. Waters(Eds.), *Growing points of attachment theory and research* (*Monographs of the Society for Research in Child Development*). 50 (1-2).
Main, M. & Solomon, J. 1999 Procedures for identifying infants as disorganized/disoriented during the Ainsworth Strange Situation. In J. Cassidy & P. R. Shaver(Eds.), *Handbook of attachment: Theory, research, and clinical applications*. New York: Guilford Press. 290-296.
Main, M. & Weston, D. R. 1981 The quality of the toddler's relationships to mother and to father: Related conflict behavior and the readiness to establish new relationships. *Child Development*, 52, 932-940.
大日向雅美 1988 母性の研究——その形成と変容の過程:伝統的母性観への反証 川島書店
ペダーセン, F. A.(編) 1980 依田 明(監訳) 1986 父子関係の心理学 新曜社
Radke-Yarrow, M., Cummings, E. M., Kuczynski, L. & Chapman, M. 1985 Patterns of attachment in two- and three-year-olds in normal families and families with parental depression. *Child Development*, 56, 884-893.
佐藤眞子(編) 1996 乳幼児期の人間関係(人間関係の発達心理学2) 培風館
Wiesenfeld, A. R. & Malatesta, C. Z. 1982 Infant distress: Variables affecting responses of caregivers and others. In L. W. Hoffman, R. Gandelman & H. R. Schiffman(Eds.), *Parenting : Its causes and consequences*. Lawrence Erlbaum Associates.
矢野喜夫・落合正行 1991 発達心理学への招待(新心理学ライブラリ5) サイエンス社

第4章
東 洋 1994 日本人のしつけと教育——発達の日米比較にもとづいて 東京大学出版会
柏木惠子 1983 子どもの「自己」の発達 東京大学出版会
柏木惠子 1992 自己認識と自己制御機能の発達 柏木惠子(編) パーソナリティの発達(新・児童心理学講座10) 金子書房 47-88.
Kohlberg, L. 1966 A cognitive-developmental analysis of children's sex-role concepts and attitudes. In E. E. Maccoby(Ed.), *The development of sex differences*. Stanford University Press. 82-173.

Markus, H. & Kitayama, S. 1991 Culture and the self: Implications for cognition, emotion, and motivation. *Psychological Review*, 98, 224-253.
Mead, M. 1935 *Sex and temperament in three primitive societies*. G. Routledge & Kegan Paul Ltd.
塘 利枝子（編著） 2005 アジアの教科書に見る子ども ナカニシヤ出版
塘 利枝子 2008 教科書に描かれた発達期待と自己 岡田 努・榎本博明（編著） パーソナリティ心理学へのアプローチ（自己心理学5） 金子書房 148-166.

第5章

Bridges, K. M. B. 1932 Emotional development in early infancy. *Child Development*, 3, 324-334.
Campos, J. & Sternberg, C. 1981 Perception, appraisal, and emotion. The onset of social referencing. In M. Lamb & L. Sherrod(Eds.), *Infant social cognition*. Hillsdale, NJ: Erlbaum. 273-314.
Lewis, M. 1993 The emergence of human emotions. In M. Lewis & M. Haviland(Eds.), *Handbook of emotions*. Guilford Press. 223-225.
Saarni, C. 1979 Children's understanding of display rules for expressive behavior. *Developmental Psychology*, 15, 424-429.
渡辺久子 1989 エムディの理論 小此木啓吾・渡辺久子（編） 乳幼児精神医学への招待（別冊発達9） ミネルヴァ書房
Wellman, H., Harris, P., Banerjee, M. & Sinclair, S. 1995 Early understanding of emotion: Evidence from natural language. *Cognition and Emotion*, 9, 117-149.

第6章

天野 清 1970 語の音韻構造の分析行為の形成とかな文字の読みの学習 教育心理学研究, 18, 76-88.
Butterworth, G. E. & Jarrett, N. 1991 What minds have in common is space: Spatial mechanisms serving joint attention in infancy. *British Journal of Developmental Psychology*, 9, 55-72.
Condon, W. S. & Sander, L. W. 1974 Synchrony demonstrated between movements of the neonate and adult speech. *Child Development*, 45, 456-462.
Decasper, A. J. & Fifer, W. P. 1980 Of human bonding : Newborns prefer their mother's voices. *Science*, 208, 1174-1176.
江尻桂子 1998 乳児における喃語と身体運動の同期現象Ⅰ：その発達的変化 心理学研究, 68, 433-440.
Fernald, A. 1985 Four-month-old infants prefer to listen to motherese. *Infant Behavior and Development*, 8, 181-195.
Harris, M., Jones, D. & Grant, J. 1983 The nonverbal context of mother's speech to children. *First Language*, 4, 21-30.
林 安紀子・馬塚れい子 2007 リズムを手がかりとした語のセグメンテーションと音系列の記憶について 針生悦子・梶川祥世（企画）シンポジウム「乳児はどのようにしてことばを聴きとるのか：日本語における手がかりを探る」 日本発達心理学会第18回大会発表論文集, S13.
Kuhl, P. K., Stevens, E., Hayashi, A., Deguchi, T., Kiritani, S. & Iverson, P. 2006 Infants show a facilitation effect for native language perception between 6 and 12 months. *Developmental Science*, 9, F13-F21.
Luria, A. R. 1961 *The role of speech in the regulation of normal and abnormal behaviour*. Pergamon Press.

正高信男　1993　0歳児がことばを獲得するとき　中央公論社
Moon, C., Cooper, R. P. & Fifer, W. 1993 Two-day-olds prefer their native language. *Infant Behavior and Development*, 16, 495 - 500.
Nazzi, T., Jusczyk, P. W. & Johnson, E. K. 2000 Language discrimination by English-learning 5-month-olds : Effects of rhythm and familiarity. *Journal of Memory and Language*, 43, 1 - 19.
岡本夏木　1982　子どもとことば　岩波書店
岡本夏木　1985　ことばと発達　岩波書店
内田伸子　1989　物語ることから文字作文へ　読書科学, 33, 10 - 24.
横山正幸　1990　幼児の連体修飾発話における助詞「ノ」の誤用　発達心理学研究, 1, 2 - 9.
ヴィゴツキー, L. S.　1934　柴田義松(訳)　1967　思考と言語　明治図書

第7章

Bigelow, B. J. 1977 Children's friendship expectations: A cognitive-developmental study. *Child Development*, 48, 246 - 253.
Corsaro, W. A. 1979 'We're friends, right ?': Children's use of access rituals in a nursery school. *Language in Society*, 8, 315 - 336.
デーモン, W.　1983　有馬道久(訳)　1990　仲間関係と向社会的行動の発達　デーモン, W. 山本多喜司(編訳)　社会性と人格の発達心理学　北大路書房
デーモン, W.　1983　谷本忠明(訳) 1990　乳児の社会的関係　デーモン, W. 山本多喜司(編訳)　社会性と人格の発達心理学　北大路書房
Eckerman, C. O., Whatley, J. L. & Kutz, S. L. 1975 Growth of social play with peers during the second year of life. *Developmental Psychology*, 11, 42 - 49.
Elis, S., Rogoff, B., & Cromer, C. C. 1981 Age segregation in children's social interactions. *Developmental Psychology*, 17, 399 - 407.
遠藤純代　1990　友だち関係　無藤　隆・高橋惠子・田島信元(編)　発達心理学入門Ⅰ——乳児・幼児・児童　東京大学出版会
藤崎春代　2008　友だちとの関わり合いを通して育つものは何か　内田伸子(編)　よくわかる乳幼児心理学　ミネルヴァ書房
Furman, W. & Bierman, K. C. 1984 Children's conception of friendship: A multimethod study of developmental changes. *Developmental Psychology*, 20, 925 - 931.
繁多　進　1990　幼児の社会性　斎藤耕二・菊地章夫(編著)　社会化の心理学ハンドブック　川島書店
本郷一夫　1996　「友だち」の形成過程に関する研究(1)——保育所の2～3歳児クラスにおける子ども同士の関係　日本教育心理学会第38回総会発表論文集, 32.
今井和子　1992　ひとりの子どもと集団の育ち　森上史朗・今井和子(編著)　集団ってなんだろう——人とのかかわりを育む保育実践　ミネルヴァ書房
井上健治　1992　仲間と発達　東　洋・繁多　進・田島信元(編集企画)　発達心理学ハンドブック　福村出版
倉持清美　1994　就学前児の遊び集団への仲間入り過程　発達心理学研究, 5, 137 - 144.
Lewis, M., Young, G., Brooks, J. & Michalson, L. 1975 The beginning of friendship. In M. Lewis & L. Rosenbaum(Eds.), *Friendship and peer relations*. New York: Wiley.
松井愛奈・無藤　隆・門山睦　2001　幼児の仲間との相互作用のきっかけ：幼稚園における自由遊び場面の検討　発達心理学研究, 12, 195 - 205.
森下正康　1992　幼児期　東　洋・繁多　進・田島信元(編)　発達心理学ハンドブック　福

村出版
向田久美子　2000　パーソナリティの発達　石川洋子(編)　人間発達学　宣協社
中野　茂　1990　遊び　無藤　隆・高橋惠子・田島信元(編)　発達心理学入門Ⅰ──乳児・幼児・児童　東京大学出版会
中澤　潤　2000　子どもをとりまく人間関係：仲間関係　子どものパーソナリティと社会性の発達　堀野　緑・濱口佳和・宮下一博(編著)　北大路書房
中沢和子　1979　イメージの誕生──0歳からの行動観察　日本放送出版協会
西村清和　1989　遊びの現象学　勁草書房
岡野雅子　1996　仲間関係の発達　佐藤眞子(編)　乳幼児期の人間関係(人間関係の発達心理学2)　培風館
Parten, M. & Newman, S. M. 1943 Social behavior of preschool children. In R. G. Barker, J. S. Kounin. & H. F. White(Eds.), *Child behavior and development*. New York: McGrow-hill.
Rubin, K. M., Maioni, T.L. & Hornung, M. 1976 Free play behaviors in middle- and lower-class preschoolers: Parten and Piaget revisited. *Child Development*. **47**, 414 - 419.
Rubin, K. M., Watson, K.S. & Jambor, T.W. 1978 Free-play behaviors in preschool and kindergarten children. *Child Development*. **49**, 534 - 536.
斉藤こずゑ・木下芳子・朝生あけみ　1986　仲間関係　無藤　隆・内田伸子・斉藤こずゑ(編)　子ども時代を豊かに　学文社
Selman, R. L. 1980 *The Growth of Interpersonal Understanding*. New York: Academic Press.
柴坂寿子　1990　幼児にとっての友達の機能とその系統発生的考察　日本発達心理学会第1回大会発表論文集, 116.
Smith, P. K. 1977 Social and fantasy play in young children. In B. Tizard & D. Harvey(Eds.), *Biology of play, spastics*. International Medical Publications.
高橋たまき　1984　乳幼児の遊び──その発達プロセス　新曜社
内田伸子(編)　2008　よくわかる乳幼児心理学　ミネルヴァ書房
矢野喜夫　1996　遊びにおける活動の発達　高橋たまき・中沢和子・森上史朗(共編)　遊びの発達学　展開編　培風館
横浜恵三子　1981　乳幼児期における Peer-Relation の発達的研究　教育心理学研究, **2**, 175 - 179.
Youniss, J. & Volpe, J. 1978 A relationship analysis of children's friendship. In W. Damon(Ed.) *Social Cognition*. San Francisco: Jossey-Bass.

第8章

朝生あけみ　1987　幼児期における他者感情の推測能力の発達：利用情報の変化　教育心理学研究, **35**, 33 - 40
東　洋・繁多　進・田島信元(編)　1992　発達心理学ハンドブック　福村出版
Bandura, A. 1986 *Social foundations of thought and action: A social cognitive theory*. Prentice-Hall.
Dunn, J., Bretherton, I. & Munn, P. 1987 Conversation about feeling states between mothers and their young children. *Developmental Psychology*, **23**, 132 - 139.
Field, T. M., Woodson, R., Greenberg, R. & Cohen, D. 1982 Discrimination and imitation of facial expressions by neonates. *Science*, **218**, 179 - 181.
繁多　進・青柳　肇・田島信元・矢澤圭介(編)　1991　社会性の発達心理学　福村出版
井上健治・久保ゆかり　1997　子どもの社会的発達　東京大学出版会
川上清文・内藤俊史・藤谷智子　1990　図説乳幼児発達心理学　同文書院
菊池章夫　1988　思いやりを科学する──向社会的行動の心理とスキル　川島書店

Kohlberg, L. 1963 The development of children's orientations toward a moral order: I. Sequence in the development of moral thought. *Vita Humana*, 6, 11 - 33.
Kohlberg, L. 1969 Stage and sequence: The cognitive-developmental approach to socialization. In D. A. Goslin(Ed.), *Handbook of socialization theory and research*. Rand McNally.
大西文行(編) 1991 道徳性と規範意識の発達(新・児童心理学講座9) 金子書房
ピアジェ, J. 1932 大伴 茂(訳) 1954 児童道徳判断の発達(臨床児童心理学Ⅲ) 同文書院
Premack, D. & Woodruff, G. 1978 Does the chimpanzee have a theory of mind? *Behavioral and Brain Sciences*, 1, 515 - 526.
Sorce, J. F., Emde, R. N., Campos, J. & Klinnert, M. D. 1985 Maternal emotional signaling: Its effect on the visual cliff behavior of 1-year-olds. *Developmental Psychology*, 21, 195 - 200.

第9章

足立智昭 2009 ソーシャルサポートとしての保育と家族支援 発達, 118, 83 - 88.
足立智昭 2008 家庭・保護者のアセスメント 本郷一夫(編) 子どもの理解と支援のための発達アセスメント 有斐閣 113 - 145.
Cohen, L. H., Hettler, T. R. & Park, C. L. 1997 Social support, personality, and life stress adjustment. In G. R. Pierce, B. Lakey, I. G. Sarason & B. R. Sarason(Eds.), *Sourcebook of social support and personality*. Plenum.
Fowler, J. 2003 *A practitioner's tool for child protection and the assessment of parents*. London: Jessica Kingsley Publishers.
Guralnick, M. J. & Groom, J. M. 1987 The peer relations of mildly delayed and nonhandicapped preschool children in mainstreamed playgroups. *Child Development*, 58, 1556 - 1572.
Guralnick, M. J. & Paul-Brown, D. 1980 Functional and discourse analyses of nonhandicapped preschool children's speech to handicapped children. *American Journal of Mental Deficiency*, 84, 444 - 454.
平島奈津子 2006 健康なうつと治療が必要なうつ こころの科学 (宮岡 等(編)『うつに気づく』), 125, 16 - 23.
Lovejoy, M. C., Graczyk, P. A., O'Hare, E. & Neuman, G. 2000 Maternal depression and parenting behavior: A meta-analytic review. *Clinical Psychology Review*, 20, 561 - 592.
森 隆夫ほか 1997 時代の変化に対応した今後の幼稚園教育の在り方について(最終報告) 時代の変化に対応した今後の幼稚園教育の在り方に関する調査研究協力者会議
中坪真奈美 1998 いっしょに遊ぼう――豊かな仲間関係を育むには 第13回東北地区私立幼稚園教員研修大会大会要領, 31 - 33.
西野 寛ほか 1998 保育士養成課程カリキュラム(案):提案の概要 全国保育士養成協議会
O'Hara, M. W. & Swain, A. M. 1996 Rates and risk of postpartum depression: A meta-analysis. *International Review of Psychiatry*, 8, 37 - 54.
岡本ミチ子ほか 1997 育児上の悩みを克服していく要因の調査――乳幼児健診に来所した母親のアンケート調査から 平成9年度大同生命事業団研究助成報告書
Paulson, J. F., Dauber, S. & Leiferman, J. A. 2006 Individual and combined effects of postpartum depression in mothers and fathers on parenting behavior. *Pediatrics*, 118, 659 - 668.
Wallander, J. L. & Marullo, D. S. 1997 Handicap-related problems in mothers of children with physical impairments. *Research in Developmental Disabilities*, 18, 151 - 165.

第10章

アメリカ精神医学会　高橋三郎ほか(訳)　2003　DSM-Ⅳ-TR 精神疾患の分類と診断の手引き　医学書院
有馬正高　1988　重症心身障害　平山宗宏ほか(編)　現代子ども大百科　中央法規
荻原はるみ　1997　発達の遅滞と臨床　新井邦二郎(編)　図でわかる発達心理学　福村出版
柴崎正行・大場幸夫(編)　1990　保育講座12　障害児保育　ミネルヴァ書房
杉山登志郎　2007　子ども虐待という第四の発達障害　学習研究社
杉山登志郎　2007　発達障害の子どもたち　講談社
滝川一廣ほか(編)　2007　そだちの科学8　特集発達障害の今　日本評論社
田淵　優　1990　障害児の保育と教育　建帛社
日本発達障害福祉連盟(編)　2008　発達障害白書2009　日本文化科学社
本郷一夫・澤江幸則・鈴木智子・小泉嘉子・飯島典子　2003　保育所における「気になる」子どもの行動特等と保育者の対応に関する調査研究　発達障害研究, 25(1), 50-61.
柚木　馥・白崎研司　1988　精神遅滞　平山宗宏ほか(編)　現代子ども大百科　中央法規
ＷＨＯ　中根允文ほか(訳)　2008　ICD-10 精神および行動の障害――ＤＣＲ研究用診断基準　新訂版　医学書院

第11章

遠城寺宗徳　1967　遠城寺式乳幼児分析的発達検査法　慶應通信
Goodenough, F. L.　小林重雄　1977　グッドイナフ人物画知能検査　三京書房
上里一郎(監)　1996　心理アセスメントハンドブック　西村書店
小野次朗・上野一彦・藤田継道(編)　2007　よくわかる発達障害　LD・ADHD・高機能自閉症・アスペルガー症候群　ミネルヴァ書房
前川喜平・三宅和夫(編)　1997　別冊発達22　障害児・病児のための発達　理解と発達援助　ミネルヴァ書房
松原達哉(編)　1995　最新心理テスト法入門　日本文化科学社
松原達哉ほか　2007　K-ABC 心理・教育アセスメントバッテリー　実施・採点マニュアル　丸善
三木安正(監)　1980　新版S-M社会生活能力検査　日本文化科学社
田中教育研究所(編)　2003　田中ビネー知能検査Ⅴ　採点マニュアル　田研出版
津守　真・稲毛教子・磯部景子　1965　乳幼児精神発達診断法　大日本図書
氏原　寛ほか(編)　2006　心理査定ハンドブック　創元社
Wechsler, D.　児玉　省・品川不二郎・茂木茂八　1989　WISC-R知能検査　日本文化科学社

人名索引

ア行
天野　清　102
蘭　香代子　59
今井和子　114
ヴィゴツキー（Vygotsky, L. S.）　14, 40, 99, 100
ウィラーマン（Willerman, L.）　12
ウェクスラー（Wechsler, D.）　175-177
ウェルマン（Wellman, H.）　83
ウォーク（Walk, R. D.）　28
内田伸子　102
ウッドラフ（Woodruff, G.）　124
エインズワース（Ainsworth, M. D. S.）　47, 50, 52, 54, 57
江尻桂子　93
エッカーマン（Eckerman, C. O.）　113
エムディ（Emde, R. N.）　83
エリクソン（Erikson, E. H.）　15
大日向雅美　59
岡本夏木　97

カ行
柏木惠子　69
ガードナー（Gardner, B. T.）　104
ガードナー（Gardner, R. A.）　104
ガラルニック（Guralnick, M. J.）　137
菊池章夫　125
ギブソン（Gibson, E. J.）　28
キャンポス（Campos, J. J.）　29
クール（Kuhl, P. K.）　90
クラウス（Klaus, M. H.）　59
クレップナー（Kreppner, K.）　57
ケイエ（Kaye, K.）　46
ゲゼル（Gesell, A. L.）　12
小嶋秀夫　57
小林　登　44
コーエン（Cohen, L. H.）　140
コール（Cole, M.）　40
コールバーグ（Kohlberg, L.）　67, 129-131
コルサロ（Corsaro, W. A.）　113
コンドン（Condon, W. S.）　28, 45, 46, 94

サ行
斉藤こずゑ　115
サーニ（Saarni, C.）　86
サラパテック（Salapatek, P.）　26
サンダー（Sander, L. W.）　28, 46, 94
柴坂寿子　114
ジャレット（Jarrett, N.）　95
シュテルン（Stern, W.）　12
白井　常　11
スターン（Stern, D. N.）　19
スペルキ（Spelke, E. S.）　30
ソース（Sorce, J. F. S.）　150

タ行
高橋たまき　106
ダン（Dunn, J.）　123
チー（Chi, M. T. H.）　33, 40
デキャスパー（Decasper, A. J.）　90
テラス（Terrace, H. S.）　104
トビン（Tobin, J.）　118

ナ行
中沢和子　110, 111
中野　茂　111, 112
ナズィ（Nazzi, T.）　90
西村清和　109

ハ行
パーテン（Parten, M.）　109, 110
ハーロウ（Harlow, H. F.）　47, 48
バタワース（Butterworth, G. E.）　95
林　安紀子　91
ハリス（Harris, M.）　95
繁多　進　51
バンデューラ（Bandura, A.）　127
ピアジェ（Piaget, J.）　13, 14, 33, 34, 36, 38-40, 131, 132
ビゲロー（Bigelow, B. J.）　114
ビネー（Binet, A.）　175-177
ファイファー（Fifer, W. P.）　90
ファーナルド（Fernald, A.）　94
ファンツ（Fantz, R. L.）　26, 44
藤永　保　16
ブラゼルトン（Brazelton, T. B.）　46
フラベル（Flavell, J. H.）　31, 32
ブリッジズ（Bridges, K. M. B.）　76
プレマック（Premack, D.）　124
ブロンフェンブレンナー（Bronfenbrenner, U.）　14
ヘイズ（Hayes, C.）　104
ヘイズ（Hayes, K.）　104

ボウルビィ（Bowlby, J.）　44, 47, 50, 51, 54
ポールソン（Paulson, J. F.）　146
ポルトマン（Portmann, A.）　15, 16
本郷一夫　115

マ行

マクドナルド（MacDonald, R.）　56
正高信男　93
松井愛奈　114
マルロ（Marullo, D.）　138
ミード（Mead, M.）　68
ムーン（Moon, C.）　90
メイン（Main, M.）　54, 55, 57
メルツォフ（Meltzoff, A. N.）　29
モエリー（Moely, B. E.）　32

ヤ行

矢野喜夫　108
ユッセン（Yussen, S. R.）　33
ユーニス（Youniss, J.）　114
横浜恵三子　113
横山正幸　99

ラ行

ラドケ・ヤロウ（Radke-Yarrow, M.）　49
ラム（Lamb, M. E.）　55-57
ルイス（Lewis, M.）　55, 81, 113
ルクセンブルガー（Luxenburger, H.）　12
ルビン（Rubin, K. M.）　110
ルリア（Luria, A. R.）　100
レヴィ（Levy, V. M.）　33
ローレンツ（Lorenz, K.）　47, 48

ワ行

ワトソン（Watson, J. B.）　12
ワランダー（Wallander, J. L.）　138

事項索引

ア行

IQ（intelligence quotient）　175
愛他行動（altruism）　122
愛着（attachment）　47, 135
　──の形成　19
アイデンティティ（identity）　15
アスペルガー症候群（Asperger syndrome）　157
アセスメント（assessment）　142-149, 169
遊び（play）　106, 135
アタッチメント（attachment）　47
後追い（following）　48, 50-52, 78, 156
アニミズム（animism）　39
安全基地（secure base）　47, 52, 59
安定群（secure pattern）　52
アンビバレント群（ambivalent pattern）　53
怒り（anger）　77
育児不安（child-rearing anxiety）　50
一語発話（one-word utterance）　97
一次的ことば　103
1歳児（one-year-olds）　20
1歳6カ月健診　169
遺伝か環境か（nature/nurture）　12
遺伝も環境も　12
イメージ（image）　110
インプリンティング（imprinting）　48
WISC‐Ⅲ（Wechsler Intelligence Scale for Children Ⅲ）　176
WPPSI（Wechsler Preschool and Primary Scale of Intelligence）　176
WAIS（Wechsler Adult Intelligence Scale）　176
ウェクスラー式知能検査（Wechsler Intelligence Scale）　176
ADHD（attention deficit/hyperactivity disorder）　166
MA（mental age）　175
LD（learning disabilities）　165
遠城寺式乳幼児分析的発達検査法　171, 172
延滞模倣（delayed imitation, deferred imitation）　36, 110
エントレインメント（entrainment）　28, 46
横断的方法（cross-sectional method）　24
奥行き知覚（depth perception）　28
恐れ（fear）　78
落ち着きのない子　166
思いやり（consideration）　22
親子関係診断テスト　179
親の適応（parental adaptation）　138

カ行

外言（external speech）　99
回避群（avoidant pattern）　53
過拡張（overextension）　97
学習（learning）　11
学習障害（LD；learning disabilities）　165
過限定（underextension）　97
可塑性（plasticity）　153
課題意識　23
過渡期の喃語（marginal babbling）　92
悲しみ（sadness）　78
感覚運動期（sensorimotor period）　33
感覚運動的遊び（sensorimotor play）　107
感覚運動的知能（sensorimotor intelligence）　34
感覚間の協応（intermodal coordination）　29
感覚記憶（sensory memory）　30
環境（environment）　135
関係の永続性　21
観察学習（observational learning）　127
かんしゃく（tantrum）　71, 84
感情（feeling, affect）　74, 83, 120
記憶（memory）　30
記憶方略（memory strategy）　31
気質（temperament）　138, 141
規準喃語（canonical babbling）　92
吃音（stuttering）　162
気になる子　164
基本的生活習慣（fundamental habit）　20, 145
基本的信頼感（basic trust）　15
基本的な情緒（primary emotion, basic emotion）　76
記銘（memorization）　30
虐待（abuse）　42, 50
吸せつ反射（sucking reflex）　34, 41
教育（education）　134
鏡映像（mirror image）　64
共感性（empathy）　126, 141
叫喚発声（crying）　92
きょうだい関係（sibling relationship）　57
協同遊び（cooperative play）　110

共同注意（joint attention）　95
共鳴動作（co-action）　120
均衡化（equilibration）　14
クーイング（cooing）　92
具体的操作期（concrete operational period）　33, 38
グッドイナフ人物画知能検査　181, 183
形式的操作期（formal operational period）　33
K-ABC　177
結果論的判断　132
けんか（fighting）　115
検査（test）　171
現実認識（perceiving reality）　22
現実の自己（actual self）　66
原始反射（primitive reflex）　34, 41
原始歩行（walking reflex）　41
語彙爆発（vocabulary spurt）　98
高機能自閉症（high-functioning autism）　157
構音（articulation）　162
構音障害（articulation disorder）　162
口唇探索反射（rooting reflex）　41
構成遊び（constructive play）　108
行動観察法（observational method）　170
行動調整機能（verbal control of behavior）　100
声遊び（vocal play）　92
　　　——の時期　92
刻印づけ（imprinting）　48
心の理論（theory of mind）　40, 80, 124
5歳児（five-year-olds）　23
Coセルフ（Co-self）　59
子育て支援（child care support）　138
こだわり　156
ごっこ遊び（make-believe play）　21, 22, 36, 110
ことば（language）　36, 83, 89
　　　——の遅れ　161
　　　——の学習　91
　　　——の障害　161
　　　——のテストえほん　179
コホート効果（cohort effect）　24
コンピテンス（competence）　67

サ行

罪悪感（guilt）　82
サポート（support）　49, 138
三項関係（triadic relationship）　95
3歳児（three-year-olds）　21
3歳児健診　169

CA（chronological age）　175
視覚（vision）　26
視覚障害（visual impairment）　159
視覚的断崖（visual cliff）　28, 121, 150
子宮外胎児期（period of the social womb）　16
自己意識（self-consciousness）　66
自己意識的な情緒（self-conscious emotion）　81
自己イメージ（self image）　54
思考（thinking）　33
試行錯誤（trial and error）　98
自己主張（self-assertion）　20, 68
自己制御（self-regulation）　69
自己中心性（egocentrism）　38, 111
自己認知（self-cognition）　63, 64
自己抑制（self-control）　69
視線（gaze）　95
自然観察法（naturalistic observation）　24
自尊感情（self-esteem）　67, 139
肢体不自由（physical impairment）　160
自他の分化（self-other differentiation）　62, 130
しつけ（discipline）　63
　　　——の違い　63
実験的観察法（controlled observation）　24
実験法（experimental method）　24
実念論（realism）　40
質問紙調査法（questionnaire）　24
児童虐待（child abuse）　42
自閉症（autism）　156
社会化（socialization）　86, 119
社会的学習理論（social learning theory）　58
社会的参照（social referencing）　29, 79, 121, 150
社会的認知（social cognition）　119
社会的微笑（social smile）　77
重症心身障害児（severely physically and mentally handicapped child）　164
就巣性（nidicolous）　15
集団的独語（collective monologue）　100
縦断的方法（longitudinal method）　24
習癖（habit）　145
馴化法（habituation method）　27
シェマ（scheme）　14
生涯発達心理学（life-span developmental psychology）　10
情緒（emotion）　74
　　　——の社会化　86

事項索引

情緒的サポート（emotional support） 141
情動調律（affect attunement） 19, 46, 81
情報的サポート（informational support） 140
食事の習慣（eating habit） 20
初語（first word） 93, 97
所有の認知（cognition of possession） 64
自立心（feeling of independence） 20
人工論（artificialism） 40
身体的虐待（physical abuse） 42
身体の生理的側面での変化（physiological change） 74
心的表象（mental representation） 35
新版 S-M 社会生活能力検査 179
新版 K 式発達検査 2001 174
信頼性（reliability） 60
心理検査（phychological test） 170
心理的虐待（emotional abuse, psychological abuse） 42
睡眠の習慣（sleeping habit） 20
ストレスコーピング（stress coping） 139
ストレンジシチュエーション法（strange situation procedure） 52, 57
性格（personality） 145
生活年齢（chronological age） 175
成熟（maturation） 11
成熟か学習か（maturation/learning） 12
精神年齢（mental age） 175
生態学的発達理論（ecological systems theory） 15
成長（growth） 11
性的虐待（sexual abuse） 42
性同一性（gender identity） 67
生得的な行動パターン（innate behavioral pattern） 49
性別意識（gender awareness） 21
性役割（sex/gender role） 68
生理的早産（physiological premature delivery） 16
生理的微笑（spontaneous smile） 77
0 歳児（zero-year-olds） 20
善悪の判断 22
前概念的思考期（preconceptual thinking period） 37
選好注視法（preferential looking method） 26
漸成説（epigenesis） 15, 55
前操作期（preoperational period） 33
前操作的思考（preoperational thought） 36
想起（retrieval） 30

相互作用説（interactionism） 13
ソーシャルサポート（social support） 138, 142
相貌的知覚（physiognomic perception） 40

タ行

第一次循環反応（primary circular reactions） 34
第一反抗期（first period of defiance） 65
退行（regression） 136
第三次循環反応（tertiary circular reactions） 35
胎児期（fetal period） 17
対象永続性（object permanence） 35
体制化（organization） 32
胎動（fetal movement） 18
胎内環境（prenatal environment） 18
第二次循環反応（secondary circular reactions） 34
ダウン症（down syndrome） 154
多語発話（multiple word utterance） 99
他者との葛藤（interpersonal conflict） 116
他者のイメージ（mental representation of others） 54
他者の存在 64
妥当性（validity） 60
田中ビネー知能検査 175
短期記憶（short-term memory） 31
知覚（perception） 26
知識（knowledge） 33
知的障害（intellectual disabilities） 154
知能検査（intelligence test） 171, 175
知能指数（intelligence quotient） 175
注意欠陥多動性障害（ADHD；attention deficit/ hyperactivity disorder） 166
注意の共有（joint attention） 95
超音波断層装置（ultrasonography） 17
聴覚（audition） 27
聴覚障害（hearing impairment） 158
長期記憶（long-term memory） 31
調節（accommodation） 14, 34
直観的思考期（intuitive thinking period） 36
DIQ（deviation IQ） 176
DA（developmental age） 174
DQ（developmental quotient） 174
テストバッテリー（test battery） 182
テスト法（test method） 24
照れ（embarrassment） 82
電文体発話（telegraphic speech） 99

同化（assimilation）　14, 34
同期行動（synchronized behavior）　28, 45, 94
動機づけ（motivation）　75
動機論的判断　132
道具的サポート（instrumental support）　140
統合的サポート（social integration）　141
道徳性（morality）　128
道徳的判断（moral judgement）　129

　ナ行
内言（inner speech）　99
内的ワーキング・モデル（internal working model）　54
仲良し（close friends）　114
喃語（babbling）　92
二語発話（two-word utterance）　99
2歳児（two-year-olds）　20
二次的愛着対象（secondary attachment figure）　55
二次的ことば　103
二次的動因説（secondary drive theory）　49
二次的留巣性（secondary nidicolous）　16
乳児期　19
乳児院　134
乳幼児精神発達診断法　171, 173
認知（cognition）　25
認知的評価（cognitive evaluation）　74
ネグレクト（neglect）　42
脳性まひ（cerebral palsy）　160

　ハ行
把握反射（grasping reflex）　34, 41
媒介（mediation）　117
破壊遊び（destructive play）　108
恥（shame）　82
発生的認識論（genetic epistemology）　13
発達（development）　9, 10
　──の最近接領域（zone of proximal development）　14
　──の障害　152
発達課題（developmental task）　10
発達期待（expectation of development）　70
発達検査（developmental test）　171
発達指数（developmental quotient）　174
発達指標（index of development）　66
発達障害（developmental disabilities）　152
発達障害者支援法　152
発達診断（developmental diagnosis）　169
発達年齢（developmental age）　174

パニック（panic）　156
バビンスキー反射（Babinski reflex）　41
場面緘黙（selective mutism）　158
非言語的なコミュニケーション（non-verbal communication）　150
微笑（smile）　77
人見知り（stranger anxiety）　51, 78
ひとり遊び（solitary play）　109
評価的サポート（appraisal support）　141
表出（expression）　74
表象（representation）　35
表情（facial expression）　79, 120
輻輳説（convergence theory）　12
父子関係（father-child relationship）　55
分化（differentiation）　11
分離不安（separation anxiety）　78, 145
平行遊び（parallel play）　109
偏差知能指数（deviation IQ）　176
保育（early childhood care and education）　134
保育所　134
保育者の役割　135
傍観的行動（onlooker play）　109
誇り（pride）　81
保持（retention）　30
母子の相互作用（mother-child interaction）　44
母性（motherhood）　59
　──の敏感期　59
保存（conservation）　37, 38
ホルモン（hormone）　45

　マ行
マザリーズ（motherese）　94, 121
無秩序・無方向型（disorganized/disoriented pattern）　54
メタ記憶（metamemory）　32
目と手の協応（eye-hand coordination）　34
面接調査法（interview method）　24
モデリング（modeling）　58, 127
モデル（model）　136
模倣（imitation）　36, 120
モロー反射（Moro reflex）　41

　ヤ行
役割取得（role-taking）　124
夜尿（bedwetting）　145
有能感（competence）　67
指さし（pointing）　96
指しゃぶり（thumb sucking）　145

養護(care) 134
養護施設 134
幼児語(baby talk) 91
幼児期前期(1〜3歳ごろ) 20
幼児期後期(4〜5歳ごろ) 22
幼稚園(kindergarten) 134
欲求不満(frustration) 71
欲求不満耐性(frustration tolerance) 72
読み書き(literacy) 102
4歳児(four-year-olds) 22

ラ行

ライフサイクル論(life cycle theory) 15
離巣性(nidifugous) 15
理想の自己(ideal self) 66
リハーサル(rehearsal) 31
留巣性(nidicolous) 15
領域固有性(domain specificity) 40
両極群(ambivalent pattern) 53
良心(conscience) 22
ルール(rule) 23, 99, 101, 102, 111, 131
　──の理解 23
連合遊び(associative play) 110

ワ行

笑う(laugh) 77

監修者

繁多　進　　白百合女子大学名誉教授

編　者

向田久美子　　放送大学教養学部
石井　正子　　昭和女子大学大学院生活機構研究科

執筆者〈執筆順，（　）内は執筆担当箇所〉

繁多　進　　（第1章）監修者
向田久美子　（第2章）編者
森　和代　　（第3章）桜美林大学名誉教授
塘　利枝子　（第4章）同志社女子大学現代社会学部
坂上　裕子　（第5章）青山学院大学教育人間科学部
針生　悦子　（第6章）東京大学大学院教育学研究科
井上まり子　（第7章）前椙山女学園大学人間関係学部
柴原　宜幸　（第8章）開智国際大学教育学部
足立　智昭　（第9章）宮城学院女子大学教育学部
石井　正子　（第10章）編者
塩崎　万里　（第11章）名城大学人間学部

新 乳幼児発達心理学──もっと子どもがわかる　好きになる

2010 年 3 月 31 日　初版第 1 刷発行
2023 年 4 月 5 日　　　　第 17 刷発行

監修者　　繁　多　　進
編著者　　向　田　久美子・石　井　正　子
発行者　　宮　下　基　幸
発行所　　福村出版株式会社
〒 113-0034　東京都文京区湯島 2-14-11
電話　03-5812-9702　FAX　03-5812-9705
https://www.fukumura.co.jp

印刷　　株式会社文化カラー印刷
製本　　協栄製本株式会社

©Susumu Hanta　2010
Printed in Japan
ISBN978-4-571-23047-9
落丁・乱丁本はお取り替えいたします。
◎定価はカバーに表示してあります。

福村出版◆好評図書

櫻井茂男・大内晶子 編著
たのしく学べる乳幼児のこころと発達
◎2,500円　ISBN978-4-571-23063-9　C3011

心理学の最新知見を活かしながら，基礎・基本をわかりやすく解説した乳幼児心理学のテキスト（入門書）。

渡辺弥生・西野泰代 編著
ひと目でわかる発達
●誕生から高齢期までの生涯発達心理学
◎2,400円　ISBN978-4-571-23062-2　C3011

誕生から高齢期に至る生涯発達について，100点を超える図表をもとにその特徴を理解する。授業に使える工夫満載。

川島一夫・渡辺弥生 編著
図で理解する　発達
●新しい発達心理学への招待
◎2,300円　ISBN978-4-571-23049-3　C3011

胎児期から中高年期までの発達について，基本から最新情報までを潤沢な図でビジュアルに解説した1冊。

心理科学研究会 編
小学生の生活とこころの発達
◎2,300円　ISBN978-4-571-23045-5　C3011

心理学的知見から，各学年の発達に関わる課題を読み解く。より深く子どもを理解したい教育関係者必読の書。

藤田主一・齋藤雅英・宇部弘子 編著
新 発達と教育の心理学
◎2,200円　ISBN978-4-571-22051-7　C3011

発達心理学，教育心理学を初めて学ぶ学生のための入門書。1996年初版『発達と教育の心理学』を全面刷新。

藤田主一 編著
新 こころへの挑戦
●心理学ゼミナール
◎2,200円　ISBN978-4-571-20081-6　C3011

脳の心理学から基礎心理学，応用心理学まで幅広い分野からこころの仕組みに迫る心理学の最新入門テキスト。

行場次朗・箱田裕司 編著
新・知性と感性の心理
●認知心理学最前線
◎2,800円　ISBN978-4-571-21041-9　C3011

知覚・記憶・思考などの人間の認知活動を究明する新しい心理学の最新の知見を紹介。入門書としても最適。

◎価格は本体価格です。